U0559980

# 校园足球体能训练教程

董 琦 高 原 王 君 主 编

北京体育大学出版社

策划编辑：李志诚　仝杨杨
责任编辑：仝杨杨
责任校对：曹晓燕
版式设计：水分子

图书在版编目（CIP）数据

校园足球体能训练教程 / 董琦，高原，王君主编
. —北京：北京体育大学出版社，2025.2
　　ISBN 978-7-5644-4090-9

　　Ⅰ . ①校… Ⅱ . ①董… ②高… ③王… Ⅲ . ①足球运
动—体能—身体训练—教材 Ⅳ . ① G843.2

　　中国国家版本馆 CIP 数据核字（2024）第 096999 号

校园足球体能训练教程

XIAOYUAN ZUQIU TINENG XUNLIAN JIAOCHENG　　董 琦 高 原 王 君 主 编

出版发行：北京体育大学出版社
地　　址：北京市海淀区农大南路 1 号院 2 号楼 2 层办公 B-212
邮　　编：100084
网　　址：http://cbs.bsu.edu.cn
发 行 部：010-62989320
邮 购 部：北京体育大学出版社读者服务部 010-62989432
印　　刷：三河市龙大印装有限公司
开　　本：710mm×1000mm　1/16
成品尺寸：170mm×240mm
印　　张：8.5
字　　数：130 千字
版　　次：2025 年 2 月第 1 版
印　　次：2025 年 2 月第 1 次印刷
定　　价：48.00 元

（本书如有印装质量问题，请与出版社联系调换）
版权所有·侵权必究

# 编委会

主　编：董　琦　高　原　王　君

副主编：张书军　郑钰鑫　邓　磊　李东峰

编　委：李宗珍　张　利　薛　山　夏鹏宇

　　　　孟祥瑞　刘　笑　胡晨晨　姚　淼

　　　　贾鹏鹏　郑志远　朱怀雨　巫发行

　　　　王文琪　马士义

# 前言

　　目前，随着青少年足球水平的提高，优秀足球运动员的成才年龄越来越小的趋势较为明显，很多青少年足球运动员已经在各级比赛中崭露头角，国外青少年足球体能训练水平已经发展到非常先进的阶段。无论是通过快速的步伐和反应灵敏性来瓦解对方的防守，还是通过猝不及防的强力射门得分，足球运动员都需要具备良好的体能，包括速度、爆发力、灵敏性、反应能力、平衡能力、柔韧性和耐力等。早期传统的自我训练理念已经被新的理念所取代。新的理念是根据实际比赛的需求进行有针对性的体能训练，提高整体的竞技能力。本书针对我国校园足球的特点，配合校园足球技战术的训练，以提高运动员在足球比赛中的竞技表现为目标，将专业的足球体能训练进行组合，从而打造出一整套适合我国校园足球的高效体能训练计划。

# 目录

第一章

# 校园足球体能

# 第一节　校园足球体能概述

校园足球比赛通常包括两个40分钟的半场（在青少年足球比赛中，随着年龄段的变化，比赛时间也相应有所不同），比赛期间没有暂停时间。成人男子专业足球运动员的跑动距离为9 700～13 700米，成人女子专业足球运动员的跑动距离约为8 000米，但女子中场队员的跑动距离可以达到9 700米。青少年足球运动员的比赛速度较慢且场地较小，因此跑动距离会减少。

场上足球运动员的体能状态通过比赛跑动表现出来，跑动能力反映了足球运动员的体能发展水平。在足球比赛中，足球运动员真正控球的时间不多，大部分时间都是在做无球的战术性跑动或策应。足球比赛的移动形式分为冲刺跑、快速跑、高强度跑、慢跑及行走等。比赛胜负的关键，更多地体现在冲刺跑、快速跑、高强度跑的距离以及次数上。只有在快速跑动中才能制造进攻机会，形成战术配合。一般情况下，在1/3～1/2比赛时间内，比赛都是在较为缓慢且有氧的行走和慢跑中进行的，剩下的则是在较快速且无氧的步伐移动以及侧身跑和后退跑中进行的。

足球比赛中的跑动距离因位置不同而不同，中间进攻和控制的中场队员跑动距离最远，其次是两翼的中场队员和后卫、前锋。

前锋的特点是速度快，协调性、灵敏性好，以有氧供能为基础，以无氧供能为关键，具备快速摆脱对手、快速跑的能力以及较强的射门意识。在训练中，教练员应注重对前锋协调性和灵敏性的训练，提高前锋在摆脱防守后的各种射门能力。前锋在跑动时常伴随着对方防守队员的压制，在传接球或运球突破时会与防守队员有直接的身体对抗。在训练中，教练员应更加贴近比赛实际，加强前锋力量、速度的对抗性训练。前锋的跑动从控球到完成射门动作需要的时间短暂，教练员应在提高前锋有氧供能能力的基础上加强对其无氧供能能力的训练，如反复的快速跑、冲刺跑等。

中场队员的特点是身体灵活、反应迅速，具有高度发展的速度耐力，以有氧供能为基础。中场位置的特殊性和重要性要求中场队员在对球的处理上反应快、动作迅速、身体灵活性好。教练员在训练中应特别注意对中场队员的反应速度、动作速度及灵敏性等方面的训练。比赛中，中场队员在摆脱对手以后与对方球门往往还有较长的一段距离，因此，教练员在训练时应在提高中场队员有氧供能能力的基础上，结合足球项目特点，注重发展中场队员的速度耐力，将在比赛中可用到的各种跑动（如后退跑、侧身跑、插入或切入跑、转身跑等）都体现在平时的训练中。

后卫的特点是力量与速度高度结合，以有氧供能为基础，以无氧供能为关键。后卫身材高大会对对方的高空球具有一定的防御作用，身体强壮会在身体对抗中占据优势，能增强防守的力度。后卫在对方长传冲吊和大范围转移时，以及面对突破能力较强的前锋时，要有瞬间加速起动的能力和较强的对抗力量。因此，教练员在训练中应注重提高后卫的无氧供能能力，有针对性地提高后卫的速度耐力和力量，在训练内容上可以安排加速跑、侧身加速跑等，在战术内容的安排上可以适当加强身体直接对抗的训练。

随着当前世界足球水平的不断提升，校园足球的发展趋势是技术更全面、战术更多变，对足球运动员的体能要求越来越高，并且要求足球运动员具备出色的身体素质以达到上场竞赛的条件。

# 第二节　校园足球体能特征

## 一、供能

一场激烈的足球比赛至少有200次跑、跳、争球等爆发性动作。在足球比赛中，一级运动员要进行200多次3秒以内的冲刺。现代足球运动员的能量代谢特征是糖与脂肪交替供能，肌肉活动特征是快肌、慢肌纤维交替活动。能量的直接来源是腺苷三磷酸，最终来源是糖、脂肪的有氧氧化。运动时，首先启动的是磷酸原系统，足球运动员运动时的能量大部分是由磷酸原系统提供的；其次启动的是酵解能系统和氧化能系统。足球运动对三大供能系统有不同程度的要求，是无氧代谢和有氧代谢混合供能的项目。无氧能量的产生非常重要，高强度运动都需要无氧能量。

在现代足球比赛中，每次间歇时间为7～20秒，意味着磷酸原消耗后基本能恢复，但随着比赛时间延长，糖酵解供能所占比例增大，疲劳物质乳酸逐渐堆积，进而影响比赛的节奏。若足球运动员具备高水平的有氧代谢能力、较高的个体乳酸阈强度，在同等强度的比赛中将会产生少量的乳酸或能及时消除乳酸。在一般的高水平足球比赛中，青少年足球运动员为了维持运动强度和节奏，机能多处于不完全恢复状态，导致磷酸原系统的供能能力降低，启动糖酵解供能，导致乳酸堆积等，最终引起疲劳，此后运动强度明显降低。磷酸原恢复的快慢、乳酸消除的快慢取决于机体有氧代谢能力。因此，足球运动对青少年运动员的体能水平构成因素具有较高要求。

## 二、间歇性

足球专项体能的表现不同于田径等运动项目，表现出明显的间歇性特征，即足球运动员各种强度的跑动伴随着不同的间歇时间。此外，足球运动员在足球比赛中，时而表现出力量和速度，时而表现出长时间的耐力。这需要全面、均衡地发展有氧耐力和无氧耐力。足球专项体能是一个有序的开放系统，有氧耐力和无氧耐力的更替与交接是矛盾的主要方面，单纯地发展有氧耐力或无氧耐力必然会使运动员的体能系统失衡，无法有序地运行，从而影响运动员的竞技状态。

### 三、个体差异性

尽管足球运动员需要各种能力，但足球运动员体能的个体差异较大。速度快的足球运动员往往耐力差些，善于长距离跑动的足球运动员往往速度一般。足球运动员即使同样是无氧耐力较好，在比赛中表现出来的能力也有区别。有氧耐力在比赛中的表现形式也各不相同。此外，足球运动员体能的差异性还表现为心肺功能的差别。

### 四、时间局限性

根据竞技状态的周期规律，最佳体能水平只能保持相应的时间。这就是体能的时间局限性。足球运动员体能的产生和发展过程是足球运动员机体的应激和适应过程。足球专项训练存在两种适应性反应：急性但不稳定的适应性反应和长久且相对稳定的适应性反应。一般通过短期体能强化训练刺激足球运动员机体产生急性适应性反应，因此，强化训练所获得的体能具有极大的不稳定性。这种适应性反应是通过高强度的负荷产生的，是以超量恢复为表现特征的，并不是建立在各种器官、系统的形态学变化基础上的，这就导致体能存在时间局限性，即使在某一时期已形成较为稳定的体能，但随着专项任务的改变，也会表现出时间局限性。长时间适应专项训练而形成的体能，也会因为训练与比赛的影响，难以贯穿运动员比赛周期。

### 五、综合性

足球运动员的体能外在表现是多因素综合作用的结果。长时间活动的能力不仅与足球运动员的有氧耐力有关，还与足球运动员的肌肉耐力、恢复能力、代谢能力高度相关；短时间活动的能力与足球运动员的肌肉速度、肌肉力量、协调能力密切相关；足球运动员的训练动机、意志力、心理、环境应激等都与体能的发挥有着密不可分的关系。片面强调单一因素的作用，往往会陷入训练的误区。此外，足球运动员的体能外在表现除考虑供能系统工作外，还应考虑其他因素的作用，如恢复手段、营养、心理等因素，尤其是意志力和心理因素，更能影响足球运动员的体能外在表现。

## 六、非衡性

任何肌肉活动都需要供能系统的支持，足球运动员的体能状态不可能一直维持在较高水平。每个供能系统的发展并不完全一致，必然会产生总能量供给的波动状态。球队是由多名足球运动员组成的，每名足球运动员都有自己的人体生物节律和体能变化周期，而训练计划的制订、训练方法的选择是以球队为单位的，在全队进入较佳体能状态时，必然有个别足球运动员没有处于最佳体能状态。

## 七、应激性

内外环境的变化经常会引起足球运动员体能的变化。例如，有些球队在逆境中往往会表现出超常的体能，而有些球队在情况变化时则发挥不出正常的体能水平。

此外，情绪变化也会对足球运动员的体能状态产生积极或消极的影响，如足球运动员处在兴奋状态时能承受较大的比赛和训练负荷压力，而处在紧张和情绪低落状态时则易感到疲劳。在许多情况下，体能表现出强烈的应激性，如果足球运动员受到外界的鼓舞，其体力感觉通常会非常良好。

## 八、对抗性和实用性

足球运动是同场直接对抗性项目。这种对抗性体现在身体的直接接触上。足球比赛中双方运动员始终处在攻守技战术的制约与反制约之中，并受心理素质的影响。现代足球运动的特点是攻守对抗的凶悍、争抢的激烈，这要求运动员在对抗的过程中能恰当地运用体能，头脑清晰，动作合理。体能的对抗性是足球运动的固有特性，但在多年的训练中，我国部分足球教练员常常将体能训练同技战术训练分割开来，无法体现出体能的实用性。因此，教练员在训练中应特别注意体能的对抗性和实用性。

## 九、整体性

现代足球运动强度大、节奏快、技术复杂、对抗性强。在足球比赛中，运动员往往被限定在一定区域内进行比赛。从近几届国际足联世界杯比赛中可以看出，只有每名足球运动员的身体素质、技战术水平等方面都达到较高的水平，球队才能获得优异的成绩。良好的体能是一支球队竞技能力的基本保障。

## 十、技术化

技术化的体能是足球运动员完成足球比赛、取得较好效果的前提，良好的技术和体能是衡量优秀足球运动员的主要标志。足球运动员对技术的运用主要表现在对时间和空间的掌握上。快速和高强度的技术结合，是足球运动员在比赛中的主要技术表现。因此，将技术训练与体能训练相结合是校园足球体能训练的重要组成部分。

第二章

# 校园足球体能测试

# 第一节　校园足球体能测试概述

体能测试是足球专项训练计划的重要组成部分，是为了提升足球专项训练的科学性而专门设计的。例如，立定跳远测试可以评估运动员的下肢爆发力，20米折返跑测试可以评估运动员的灵敏性，下蹲测试可以评估运动员的躯干力量，等等。这些体能测试有助于教练员制订合理的训练计划，同时对于运动员提高运动技能有巨大的激励作用。

# 第二节　校园足球体能测试方法

## 一、伊利诺斯灵敏测试

1. 测试目的：评估运动员的加速、变向能力，以及身体控制能力。

2. 测试安排：如图2-2-1所示设置标志筒，运动员按图2-2-1中的路线快速移动，设置计时员对运动员进行计时。

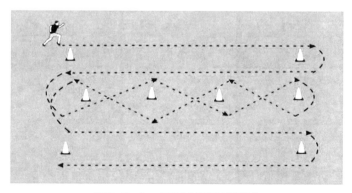

图2-2-1　伊利诺斯灵敏测试

3. 注意事项：

（1）左右两边都可以作为起点进行测试，测试时应注意比较左边和右边的转身灵敏性是否存在差异。

（2）如果测试成绩女子运动员在15秒以内、男子运动员在14秒以内，则说明运动员的身体协调性和灵敏性较强，爆发力较好；如果测试成绩女子运动员超过15秒、男子运动员超过14秒，则应要求运动员提高躯干力量，以及加速和变向能力。

（3）采用超等长力量训练（如双脚跳、单脚跳等），或按照指令进行快速起动或制动训练，可以帮助运动员提高伊利诺斯灵敏测试的成绩。

4. 器材：标志筒、秒表。

## 二、YOYO 测试

1. 测试目的：评估运动员的有氧耐力和在高强度运动间隙的恢复能力。

2. 测试安排：

（1）听到开始信号后，运动员按照设定的音乐速度从起点向前跑20米到终点，然后反向跑20米回到起点，等待下一轮测试。

（2）测试过程中，每轮测试的速度递增，每轮测试有间歇时间。

（3）如果运动员第一次没有跟上音乐速度，将收到一次提醒；第二次没有跟上音乐速度，将结束测试并记录跑动总距离。（图2-2-2）

图2-2-2　YOYO测试

3. 注意事项：

（1）运动员要控制好每次跑动的速度，以免出现体力不支。

（2）测试最终得分取决于跑动总距离或者最后所达到的YOYO级别。

（3）跑动总距离超过1000米才合格。

4. 器材：YOYO测试音乐、标志筒。

## 三、7X30米冲刺测试

1. 测试目的：评估运动员的爆发力、无氧耐力、冲刺效率和快速恢复能力。

最快/最慢冲刺速度：30米除以运动员最快/最慢的一次冲刺用时。

速度下降指数：最慢冲刺速度与最快冲刺速度之间的差值除以最慢冲刺速度再乘以100%。该指数被用来评估运动员的无氧耐力，指数较小表明运动员的无氧耐力较好。速度下降指数的计算公式如下：

$$速度下降指数 = \frac{最慢冲刺速度 - 最快冲刺速度}{最慢冲刺速度} \times 100\%$$

2. 测试安排：

（1）听到开始信号后，运动员从起跑线出发，冲刺30米越过终点线（图2-2-3），然后尽快减速，慢跑回起跑线，利用剩余休息时间（共计25秒）进行恢复并在起跑线后重新准备。

（2）在下一次冲刺开始前，测试人员应提前5秒提示运动员。

（3）运动员进行7次30米冲刺，记录每次冲刺用时。

起跑线       30米冲刺       终点线

图2-2-3　7X30米冲刺测试

3. 注意事项：

（1）应在25秒的休息时间中尽快恢复。

（2）采用积极的动态拉伸进行热身。

（3）应防止抢跑。

（4）一定要通过终点线再停止计时，以确保测得准确的冲刺用时和速度下降指数。每一段30米冲刺都应全力以赴。

4. 器材：秒表。

## 四、垂直跳测试

1. 测试目的：评估运动员的下肢爆发力、躯干力量及身体协调性。

2. 测试安排：

（1）可采用墙壁测试法。将运动员站立时向上伸直手臂可以触到的点设为起始点。该点代表起始高度。

（2）运动员站到指定区域，两脚平行站立，下蹲后立即尽力向上垂直跳起，身体伸展，尽力向上触摸，记录摸高高度。（图2-2-4）

图2-2-4　垂直跳测试

（3）在使用墙壁测试法时，应确保身体不触碰墙壁，以免影响测试成绩，用粉笔在墙壁上记录成绩，计算最后成绩（摸高高度减初始高度）。

3. 注意事项：

（1）纵跳区应确保无任何障碍物，以确保运动员能安全落地。

（2）在使用墙壁测试法时，运动员站立的位置必须离墙很近，离墙距离会影响运动员的测试成绩。

4．器材：指定墙壁测试区、粉笔。

## 五、鲨鱼技巧测试

1．测试目的：评估运动员的单腿动态平衡能力。

2．测试安排：

（1）画出一个90厘米×90厘米的大方格，大方格由9个大小相等的小方格（30厘米×30厘米）组成。（图2-2-5）

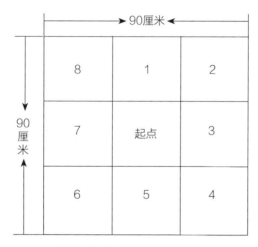

图2-2-5　鲨鱼技巧测试

（2）以最中间的小方格为测试起点。测试开始时，运动员单腿站在最中间的小方格内，做连续的单腿跳跃动作，右脚沿顺时针方向或左脚沿逆时针方向从中间的小方格向其他小方格移动。

（3）运动员开始移动时，计时开始；运动员按照顺序依次跳完小方格、回到起点小方格时，计时结束，记录所用时间。

3．注意事项：

（1）整个测试过程中，运动员两手都应该放在髋部，手从髋部每移开一次，都应在用时上加0.1秒。

（2）如果没有沿顺时针方向或逆时针方向按顺序进行测试或者遗漏了某个小方格，应在用时上加1秒。

（3）观察左脚跳跃和右脚跳跃的时间差，评估并分析运动员的身体平衡性。

4．器材：粉笔、秒表。

## 六、爆发式前推实心球测试

1．测试目的：评估运动员的全身爆发力（速度力量）。

2．测试安排：

（1）运动员站在起点线后，两脚分开，与肩同宽，两手握球，将球举至胸前，略微下蹲，髋关节、膝关节弯曲。［图2-2-6（a）］

（2）身体快速伸展，两脚蹬离地面，同时两手尽力将球推出。［图2-2-6（b）］

（3）记录推球距离。

（a） （b）

图2-2-6　爆发式前推实心球测试

3．注意事项：

（1）推球时应尽量将球向斜上方推出。

（2）可以跳离地面，落地时两脚的位置可以超过起点线。这样可以使运动员在推球时获得更大的爆发力。

（3）女子运动员推球距离应超过8米，男子运动员推球距离应超过11米。

4. 器材：实心球（女子运动员2千克，男子运动员3千克）、测量尺。

## 七、栏架钻越测试

1. 测试目的：评估运动员的下肢灵活性、动态平衡能力、躯干稳定性和身体控制能力。

2. 测试安排：

（1）布置一条地面测量线，设置好栏架高度，使横杆与测量线垂直，测量线的长度与运动员的腿长一致（髂前上棘到地面的高度），横杆设置在测量线的中点处。

（2）测试开始时，运动员下蹲从右向左移动，要求身体不碰到栏架（图2-2-7），通过后，用同样方式从左向右移动进行测试，回到起点，完成第一级测试。

（3）每级测试成功后，将横杆下降8厘米，继续下一级测试，直到运动员无法顺利钻越栏架。运动员的身体触碰到横杆时，测试停止。

（4）记录运动员顺利通过栏架的最低高度，并注明从右向左钻越与从左向右钻越的差异。

图2-2-7　栏架钻越测试

3．注意事项：若不能顺利完成第一级测试，说明运动员下肢灵活性较差，活动受到限制，应该注重加强腿部、髋部和下背部的伸展练习。

4．器材：可调节栏架或专用测试栏架、测量尺。

## 八、平板支撑测试

1．测试目的：评估运动员的躯干稳定性。

2．测试安排：

（1）运动员呈平板支撑姿势，肘关节弯曲90度，手肘、脚尖抵住地面，身体挺直。（图2-2-8）

（2）测试时，躯干肌群收紧，髋部与躯干保持上提状态，身体处于同一平面。

（3）记录平板支撑时间。

图2-2-8　平板支撑测试

3．注意事项：

（1）在运动员保持稳定状态后，开始1分钟计时，观察运动员的身体是否有某一部分偏离初始位置。

（2）观察运动员的髋部是否因不能保持伸展而向上或向下移动、重心是否过于向肩关节偏移、身体是否向两侧发生倾斜。

## 九、单腿下蹲测试

1．测试目的：评估运动员的身体控制能力、躯干力量和平衡能力。

2．测试安排：

（1）运动员单腿站立，另一条腿抬起，保持平衡，两手前伸，保持该姿势。

（2）支撑腿缓慢下蹲到最低位置，在此过程中抬起腿不得触碰地面或支撑脚。（图2-2-9）

3. 注意事项：

（1）若支撑腿的脚跟向上移动，则说明脚踝活动度不足。

（2）根据下蹲的幅度对比左腿与右腿间的平衡性差异。

图2-2-9 单腿下蹲测试

（3）下蹲时若躯干发生侧移，则需要加强腿部的肌肉和软组织的伸展练习。

（4）若支撑腿不稳定，则应进行单腿向前或向后下蹲的练习，提高单腿支撑力量与稳定性。

## 十、持杠铃杆上举深蹲测试

1. 测试目的：评估运动员身体各关节（包括肩、髋、膝、踝等关节）的灵活性。

2. 测试安排：

（1）运动员两脚分开，比肩稍宽，两手分开抓握杠铃杆，将杠铃杆举在头顶上方，肘关节向外张开，杠铃杆与肩部平行。

（2）下蹲时，踝关节、膝关节、髋关节尽可能弯曲，蹲至最低点，保持该姿势几秒，然后恢复到起始位置。（图2-2-10）

3. 注意事项：在下蹲和站起的过程中若出现关节僵硬、身体平衡性不好、协调性不好等情况，则后期需要加强柔韧性训练。

4. 器材：杠铃杆。

图2-2-10　持杠铃杆上举深蹲测试

## 十一、倾斜式引体向上测试

1. 测试目的：评估运动员的上肢力量和躯干力量。

2. 测试安排：

（1）运动员背部朝下，两手握住横杆，固定在肋木上，手臂伸直。〔图2-2-11（a）〕

（2）运动员连续做1分钟的倾斜式引体向上，引体向上时，运动员的胸部要尽量接近横杆。〔图2-2-11（b）〕

（3）记录1分钟完成倾斜式引体向上的个数。

3. 注意事项：

（1）测试时，运动员要注意打开胸腔，保持背部挺直。

（2）女子运动员1分钟至少完成30个倾斜式引体向上，男子运动员1分钟至少完成45个倾斜式引体向上。

4. 器材：肋木、秒表。

（a） （b）

图2-2-11 倾斜式引体向上测试

## 十二、四点灵敏测试

1. 测试目的：评估运动员的起动速度和变向速度。

2. 测试安排：

（1）将4个标志筒成一条直线摆放，从1号标志筒（A1）到4号标志筒（A4）的距离为20米，然后将5号标志筒（A5）摆放在2号标志筒（A2）与3号标志筒（A3）连线中点的垂直线外10米的位置，将A5作为起点。（图2-2-12）

（2）运动员从A5出发，快速冲向A4，用右手触摸A4，转身返回A5，用右手触摸A5；继续跑向A3，用右手触摸A3，转身返回A5，用右手触摸A5；继续跑向A2，用右手触摸A2，转身返回A5，用右手触摸A5；继续跑向A1，用右手触摸A1，转身返回A5，用右手触摸A5。

（3）记录整个测试所用时间。

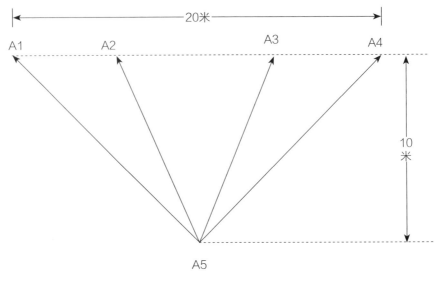

图2-2-12　四点灵敏测试

3. 注意事项：运动员取得好成绩需要反复减速和加速，必须调整好自己的步伐。

4. 器材：标志筒、卷尺、秒表。

## 十三、侧身跳测试

1. 测试目的：评估运动员的下肢力量和躯干力量。

2. 测试安排：

（1）运动员单腿站立，上身稍前倾，髋关节和膝关节稍弯曲；单腿向侧边起跳，跳动距离约1米；前脚掌轻着地，落地时髋关节和膝关节要弯曲，同时两膝关节不要碰撞，躯干要保持稳定。（图2-2-13）

（2）重复此动作30秒，记录跳动总距离。

图2-2-13　侧身跳测试

3．注意事项：

（1）运动员在跳跃时要保持身体平衡，注意不要发生轻微的脊柱弯曲或躯干转动。

（2）如果运动员控制躯干的能力较差，可以适当减少跳动距离；如果运动员控制躯干的能力较好，可以适当增加跳动距离。

4．器材：秒表。

## 十四、引体向上测试

1．测试目的：评估运动员的上肢力量和耐力。

2．测试安排：

（1）运动员采用反手握杠的方式（掌心朝向身体），握住位于头顶上方的横杠，手臂伸直，两手间距与肩同宽。［图2-2-14（a）］

（2）屈臂向上拉起身体，直至下颌超过横杠，然后缓慢伸直手臂，重复该动作。［图2-2-14（b）］

（3）记录引体向上个数。

（a）　　　　　　　　　　　　（b）

图2-2-14　引体向上测试

3．注意事项：

（1）动作应平稳且可控，不能出现身体摇晃或猛烈提拉的情况。

（2）允许暂停并休息，但脚不能接触地面，不能将下颌置于横杠上休息。

（3）当运动员不能采用正确的动作要求完成该动作时，测试终止。

4．器材：单杠。

## 十五、直臂双腿撑球的俯桥测试

1．测试目的：评估运动员的腰腹肌、肩关节肌群和躯干的控制能力。

2．测试安排：

（1）运动员两臂伸直支撑于地面，两腿伸直搭于瑞士球上，俯撑，两腿并拢，整个身体成一条直线，保持身体稳定至规定时间。[图2-2-15（a）]

（2）运动员采用单手双腿支撑，另一只手臂抬高，与躯干成一条直线。[图2-2-15（b）]

（3）运动员采用单腿双手支撑，另一条腿抬高。[图2-2-15（c）]

（a）

（b）

图2-2-15　直臂双腿撑球的俯桥测试

（c）

图2-2-15　直臂双腿撑球的俯桥测试（续）

3．注意事项：

（1）身体保持一条直线，不要向一侧倾斜。

（2）腰背挺直，臀部既不能上翘，也不能下沉。

4．器材：瑞士球。

第三章

# 校园足球灵活性和
# 稳定性与训练

# 第一节　校园足球灵活性和稳定性概述

灵活性和稳定性是构成运动员力量、耐力、速度和灵敏等身体素质的基础，在人体动作系统中起着重要的作用。运动员一旦灵活性和稳定性不足或丧失，就会出现代偿动作与低效动作，无法使运动习惯最优化，在完成运动的过程中会消耗更多的能量和精力，增大运动损伤的概率。

在灵活性和稳定性训练中应优先考虑灵活性训练。灵活性是指关节在保持一定身体姿态稳定的基础上在关节范围内自由运动的能力。稳定性是指人体在运动过程中通过关节的稳定为髋关节处的肌肉发力建立支点，为上下肢力量的传递创造条件，为身体重心的保持和移动提供保障的能力。良好的稳定性来自良好的本体感受，灵活性受到限制就不会有良好的本体感受，因此应在灵活性获得进步后再训练稳定性。关节稳定性的优劣取决于关节周围的肌肉、韧带和结缔组织的力量。关节的主要功能见表3-1-1。由表3-1-1可以看出，当沿着人体由下向上推导时，不同关节对灵活性和稳定性的需求交替出现。

表 3-1-1　关节的主要功能

| 关节 | 主要功能 |
| --- | --- |
| 踝关节 | 灵活性（矢状面） |
| 膝关节 | 稳定性 |
| 髋关节 | 灵活性（多平面） |
| 腰椎关节 | 稳定性 |

| 关节 | 主要功能 |
|------|----------|
| 胸椎关节 | 灵活性 |
| 肩关节 | 稳定性 |

# 第二节　校园足球灵活性和稳定性训练

## 一、踝关节的灵活性练习

### （一）踝关节转动

1. 练习目的：踝关节转动可增加踝关节的弹性，缓解踝关节周围组织的紧张。

2. 练习安排：运动员坐于垫子上，一条腿屈膝，另一条腿的小腿放在垫高物（高约10厘米）上，以圆周运动（顺时针和逆时针）轻轻地转动脚踝5～10次。然后换另一侧练习。（图3-2-1）

图3-2-1　踝关节转动

3. 注意事项：注意保持身体平衡，避免扭伤。

4. 器材：垫子、垫高物。

### （二）踝关节屈曲

1. 练习目的：拉伸踝关节。

2．练习安排：运动员两腿伸直坐于垫子上，两手抓弹力带两端，将其绕过两脚脚底，两手拉弹力带使踝关节屈曲，反复发力，放松，5～10次后慢慢松开。（图3-2-2）

图3-2-2　踝关节屈曲

3．注意事项：逐渐增加强度，避免过度用力，防止过度拉伸导致肌肉拉伤。

4．器材：垫子、弹力带。

（三）下犬式

1．练习目的：伸展腓肠肌和足底筋膜，改善踝关节的活动度。

2．练习安排：运动员两手撑于垫子上，两脚脚掌压实垫面，两腿伸直，上半身下压，使身体成三角形，保持5~8次呼吸。（图3-2-3）

图3-2-3　下犬式

3. 注意事项：保持呼吸，不要憋气。

4. 器材：垫子。

## 二、膝关节的稳定性练习

### （一）直腿抬高

1. 练习目的：锻炼大腿前侧肌群，提高膝关节的稳定性。

2. 练习安排：运动员平躺于垫子上，身体自然放松，一条腿屈膝，另一条腿勾脚背直腿上抬至与地面成30~45度角时停住，两眼看正上方，保持呼吸均匀；1分钟/组（左右腿交替），做3组（每组之间适当休息）。（图3-2-4）

图3-2-4 直腿抬高

3. 注意事项：避免在高处或不稳定的地方进行练习。深呼吸可以帮助放松身体和减轻疼痛感。

4. 器材：垫子。

### （二）侧卧抬腿

1. 练习目的：提高臀中肌的力量，提高膝关节的稳定性。

2. 练习安排：运动员侧躺于垫子上，身体自然放松，一只脚叠放在另一只脚上，外侧腿绷脚背直腿上抬至与地面成45度角后缓慢落下；15~20次/组（左右腿交替），做3组（每组之间适当休息）。（图3-2-5）

3. 注意事项：逐渐增加高度，注意姿势、呼吸，避免过度用力。

4. 器材：垫子。

图3-2-5　侧卧抬腿

（三）单腿支撑

1. 练习目的：提高踝关节的紧张度、肩关节的灵活性和稳定支撑能力。

2. 练习安排：运动员单腿支撑于垫子上，另一条腿勾脚背做提膝动作（大腿平行于地面），保持1秒后迅速后蹬，然后缓慢做提膝动作；10～15次/组（左右腿交替），做3组（每组之间适当休息）。（图3-2-6）

图3-2-6　单腿支撑

3. 注意事项：保持身体平衡，避免身体大幅度晃动。

4. 器材：垫子。

### 三、髋关节的灵活性练习

**（一）坐姿左右髋旋转**

1. 练习目的：提高髋关节的灵活性。

2. 练习安排：运动员坐于垫子上，两腿膝关节弯曲90度，向左、向右各旋转10次。（图3-2-7）

图3-2-7　坐姿左右髋旋转

3. 注意事项：上身挺直，不要前倾或后仰。

4. 器材：垫子。

**（二）跨栏步身体下压**

1. 练习目的：拉伸腘绳肌和大腿内侧、髋关节的韧带和肌肉。

2. 练习安排：运动员以跨栏步坐姿坐于垫子上，两手握前腿踝关节，身体下压，前腿膝关节伸直保持10秒。然后换另一侧练习。（图3-2-8）

图3-2-8　跨栏步身体下压

3.注意事项：不要弓背，上身固定后下压。

4.器材：垫子。

**（三）"4"字拉伸**

1.练习目的：拉伸臀部肌肉，提高髋关节的灵活性，缓解腰部肌肉紧张。

2.练习安排：运动员平躺于垫子上，非拉伸腿抬到腹前，拉伸腿的脚或小腿搭在非拉伸腿的膝关节上；两手抱在非拉伸腿的腘绳肌处，将非拉伸腿拉向自己，感受拉伸腿的髋外旋牵拉，保持10秒。然后换另一侧练习。（图3-2-9）

图3-2-9 "4"字拉伸

3.注意事项：如进一步拉伸，可以将拉伸腿的膝关节朝着脚的方向推，加强拉伸感。

4.器材：垫子。

**（四）90/90拉伸**

1.练习目的：拉伸髋关节周围的肌肉。

2.练习安排：运动员屈膝90度，右腿在前，左腿在后，坐于垫子上；两手撑住垫面，呼气时上身慢慢前倾。随着每一次呼气，慢慢前倾上身以加大拉伸的幅度。（图3-2-10）

3.注意事项：后腿成内旋姿势而非平放在地上。

4.器材：垫子。

图3-2-10　90/90拉伸

**（五）俯卧髋外旋**

1．练习目的：提高髋关节的灵活性。

2．练习安排：运动员俯卧于垫子上，一条腿屈膝放在另一条腿的小腿上，膝关节朝外做慢慢向上抬起再放下去的动作，重复10~15次。然后换另一侧练习。（图3-2-11）

图3-2-11　俯卧髋外旋

3．注意事项：采取正确的起始姿势，动作缓慢有控制，避免过度旋转，保持上身稳定。

4．器材：垫子。

**（六）消防栓式**

1．练习目的：提高髋关节的灵活性。

2．练习安排：运动员手膝撑于垫子上，一条腿向外做外展动作，保持膝关节屈曲90度，尽可能把腿抬高再落下，重复10~15次。然后换另一侧练习。（图3-2-12）

图3-2-12　消防栓式

3. 注意事项：采取正确的起始姿势，动作缓慢有控制，避免过度伸展，保持上身稳定。

4. 器材：垫子。

（七）蚌式开合

1. 练习目的：提高髋关节的灵活性。

2. 练习安排：运动员侧卧于垫子上，两腿贴紧向前屈膝，抬起上方腿的膝关节并保持两足紧贴，缓慢放下，重复10~15次。然后换另一侧练习。（图3-2-13）

图3-2-13　蚌式开合

3. 注意事项：抬起膝关节时，确保髋部始终向前、不发生移动；可以在大腿上绑上弹力带，增加阻力。

4. 器材：垫子。

## 四、腰椎的稳定性练习

（一）臀桥

1. 练习目的：提高腰椎的稳定性。

2. 练习安排：运动员仰卧于垫子上，屈两膝，两脚打开，与髋同宽，脚尖朝前，膝关节与脚尖同向，抬起髋部向上，两手放在身体后侧，五指交握。抬起髋部后保持5～8次呼吸再放下，重复3～5次。（图3-2-14）

图3-2-14　臀桥

3. 注意事项：采取正确的姿势，保证动作的准确性和力度，配合好呼吸。

4. 器材：垫子。

**（二）俯桥**

1. 练习目的：提高腰椎的稳定性。

2. 练习安排：运动员俯卧于垫子上，两手放在胸部两侧，呼气时头颈带动胸椎向上，胸腔打开并且离开垫面，两腿向下压，吸气时还原。重复5～8次。（图3-2-15）

图3-2-15　俯桥

3. 注意事项：尽量使用上背部的力量。

4. 器材：垫子。

**（三）手膝撑**

1. 练习目的：提高腰椎的稳定性。

2. 练习安排：运动员跪撑于垫子上，小腿、脚背贴垫，大腿、手臂垂直于垫面，保持躯干稳定，抬起右腿向后向上，再抬起左手向前向上。

保持5～8次呼吸。然后换另一侧练习。（图3-2-16）

图3-2-16　手膝撑

3. 注意事项：在整个练习过程中，腰腹部要收紧，身体不要晃动。

4. 器材：垫子。

**（四）侧桥**

1. 练习目的：提高腰椎的稳定性。

2. 练习安排：运动员手肘、脚侧撑于垫子上，将身体撑起，身体保持一条直线，腹部收紧。保持30～45秒，重复4～6次。然后换另一侧练习。（图3-2-17）

图3-2-17　侧桥

3. 注意事项：防止过度挺腰，呼吸过程中保持下腹部始终内收。

4. 器材：垫子。

## 五、胸椎的灵活性练习

**（一）侧卧屈膝过顶转肩**

1. 练习目的：提高胸椎的灵活性。

2．练习安排：运动员侧卧于垫子上，两腿屈膝并拢，两膝夹紧，两臂并拢伸直向前。上面的手臂慢慢向上、向后旋转，视线随手臂向后，头部带动胸椎旋转，保持一段时间后慢慢回到起始位置，重复5~10次。然后换另一侧练习。（图3-2-18）

图3-2-18　侧卧屈膝过顶转肩

3．注意事项：在练习过程中，两膝始终夹紧，骨盆不要移动。

4．器材：垫子。

**（二）跪地胸椎旋转**

1．练习目的：提高胸椎的灵活性。

2．练习安排：运动员跪卧于垫子上，右臂向前伸展，左臂屈肘，左手置于头后，向上抬起左肘，胸椎向上、向后旋转，重复5~10次。然后换另一侧练习。（图3-2-19）

图3-2-19　跪地胸椎旋转

3．注意事项：臀部尽量贴近两脚，腰椎保持稳定。

4．器材：垫子。

## 六、肩关节的稳定性练习

### （一）"Y"形

1. 练习目的：提高肩关节的稳定性。

2. 练习安排：运动员屈髋向前，微屈膝，脊柱保持中立位，两臂自然下垂，手握小哑铃。两臂向前、向上45度伸展，拳眼向内，肩胛骨上旋向中间收紧，两臂与躯干成"Y"形。完成规定次数练习。（图3-2-20）

3. 注意事项：在练习过程中，肩关节带动手臂向上，腰、背部保持稳定。

4. 器材：小哑铃。

### （二）"T"形

1. 练习目的：提高肩关节的稳定性。

2. 练习安排：运动员屈髋向前，微屈膝，脊柱保持中立位，两臂自然下垂，手握小哑铃。两臂向两侧伸展打开，拳眼向上，肩胛骨向中间收紧，两臂与躯干成"T"形。完成规定次数练习。（图3-2-21）

图3-2-20 "Y"形　　　　　图3-2-21 "T"形

3. 注意事项：在练习过程中，肩关节带动手臂向上，腰、背部保持稳定。

4. 器材：小哑铃。

（三）"W"形

1. 练习目的：提高肩关节的稳定性。

2. 练习安排：运动员屈髋向前，微屈膝，脊柱保持中立位，两臂屈肘收于胸前，手握小哑铃。上臂向上、向后收，保持屈肘，拳眼向上，肩胛骨下旋向中间收紧，两臂与躯干成"W"形。完成规定次数练习。（图3-2-22）

3. 注意事项：在练习过程中，肩关节带动手臂向上，腰、背部保持稳定。

4. 器材：小哑铃。

（四）"L"形

1. 练习目的：提高肩关节的稳定性。

2. 练习安排：运动员屈髋向前，微屈膝，脊柱保持中立位，两臂自然下垂，手握小哑铃。上臂向上提起至与肩同高，同时屈肘90度，拳眼向内，两臂与躯干成"L"形。完成规定次数练习。（图3-2-23）

图3-2-22 "W"形　　　　　　　图3-2-23 "L"形

3. 注意事项：在练习过程中，保持手臂角度，腰、背部保持稳定。

4. 器材：小哑铃。

第四章

# 校园足球平衡能力与训练

# 第一节　校园足球平衡能力概述

平衡能力是运动员体能的重要组成部分。平衡能力训练以提高身体控制能力的训练为主。对于足球运动员，培养动态稳定性或动态平衡能力，提高神经系统的控制能力，以及发展有效、及时地支配相应肌肉的能力是十分必要的。防守、争顶头球后落地、带球过人以及攻守双方不断发生身体对抗等都需要足球运动员具有良好的平衡能力。足球运动员无论在比赛中处于什么位置，都应高度注意其身体的空间平衡性。

表4-1-1为平衡能力渐变式训练方法，表4-1-2为平衡能力练习示例说明（单腿下蹲）。

表 4-1-1　平衡能力渐变式训练方法

| 基础阶段 | 高级阶段 | 要点说明 |
| --- | --- | --- |
| 慢速 | 快速 | 慢速：由一侧向另一侧单脚跳跃，落地时保证身体稳定<br>快速：持续做单脚跳跃，记录10秒内脚接触地面的次数 |
| 稳定 | 不稳定 | 稳定的接触面：在地面上进行单腿下蹲<br>不稳定的接触面：在平衡垫上进行单腿下蹲 |
| 静态 | 动态 | 静态：在波速球上进行单腿下蹲，在下蹲最低点保持5秒<br>动态：两脚跳跃到波速球上成下蹲姿势 |
| 身体重量 | 阻力 | 身体重量：上台阶、手向上伸展，保持动作<br>阻力：手握哑铃上台阶、手放于体侧，保持动作 |
| 睁眼 | 闭眼 | 睁眼：睁眼单腿罗马尼亚硬拉<br>闭眼：闭眼单腿罗马尼亚硬拉 |

表 4-1-2 平衡能力练习示例说明（单腿下蹲）

| 基础阶段：简单 |
| --- |
| 单腿下蹲，每条腿重复 2×10 次，在下蹲最低点保持 5 秒 |
| 中级阶段：难度适中 |
| 穿负重背心（身体重量的 10%~20%），闭眼，单腿下蹲 |
| 高级阶段：难 |
| 光脚在不稳定的接触面（如平衡板、平衡垫、平衡盘等）上进行单腿下蹲 |

# 第二节　校园足球平衡能力训练

　　平衡能力训练的关键是要打破运动员的稳定状态，并逐步通过不同难度的训练来提高运动员的平衡能力。训练内容要能反映出姿态的保持、身体的控制与动态稳定性。初始时，运动员可以利用自身重量进行训练，随后可使用各种辅助训练器械进行训练，提高竞技能力。训练过程中，平衡能力训练应与其他训练相结合，既可以在热身过程中进行，也可以在力量训练或灵敏性训练时进行。无论是进行力量训练（如单腿下蹲）、增强式跳跃（如旋转跳），还是进行低重心变向运动，都要求运动员具备良好的平衡能力。提高平衡能力既能增强踝关节与膝关节的结构稳定性，又可以降低前交叉韧带撕裂的风险。但是平衡能力训练的时间不宜过长。

## 一、单腿平衡

　　1. 练习目的：提高平衡能力。

　　2. 练习安排：

　　（1）运动员单腿站立，支撑腿膝关节稍微弯曲，尽量保持身体平衡。另一条腿进行向前、向后、向侧面的各种伸展。（图4-2-1）

　　（2）可以在上述基础上进行各个方向的单脚传球练习。

　　3. 注意事项：

　　（1）可以在热身后进行该练习，或将其作为热身的一部分。

（2）可以闭上一只眼睛完成动作。

4．器材：足球。

图4-2-1　单腿平衡

## 二、动态平衡双脚跳与单脚跳

1．练习目的：提高平衡能力。

2．练习安排：

（1）运动员从地面双脚起跳，跳至体操垫上，落在体操垫上时要进行缓冲，同时保持身体平衡与稳定［图4-2-2（a）］。单脚跳过小栏架，单脚落地［图4-2-2（b）］。

（2）可以在上述基础上，每次单脚落地后立即进行一次传球。

3．注意事项：

（1）双脚跳是双脚同时起跳并同时落地，单脚跳则是单脚起跳、单脚落地，落地时应能稳定地控制住身体重心。

（2）双脚跳和单脚跳均可进行多方位的训练（如向前、向后、向侧面或变向跳跃等）。

（3）只有在落地时整个身体能够保持平衡与稳定，方可进行更高阶段的练习。

4. 器材：体操垫、小栏架、足球。

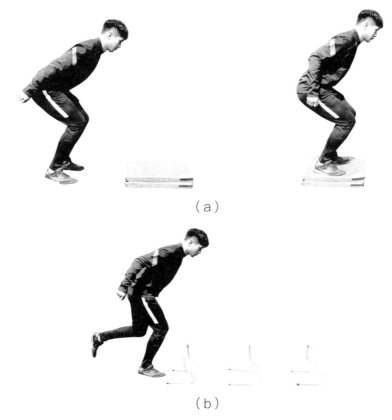

（a）

（b）

图4-2-2　动态平衡双脚跳与单脚跳

## 三、原地爆发性跳跃练习

1. 练习目的：提高平衡能力。

2. 练习安排：

（1）运动员单脚向侧面进行跳跃练习［图4-2-3（a）］，保持好落地动作。左脚蹬地向右侧起跳并用右脚稳定落地，落地时左脚不得触地或触碰右脚；然后右脚蹬地向左侧起跳并用左脚稳定落地，落地时右脚不得触地或触碰左脚。每次单脚落地时要保持落地姿势2秒，重复练习。

（2）运动员单脚向前进行对角线式跳跃练习，重复10次。每次落地要求保持身体平衡与稳定，另一只脚不得触地或触碰落地脚，重复练习。

（3）运动员向侧面跨跳一大步，然后立即进行一次双脚原地的、专门针对足球专项的爆发式跳跃练习，如向上的垂直跳跃头球练习［图4-2-3（b）］，头球练习后单脚落地，并保持落地姿势1秒，然后立即转身向反方向进行10米的冲刺。休息一段时间后换另一侧练习。

（a）

（b）

图4-2-3　原地爆发性跳跃练习

3．注意事项：

（1）尽力向上或向远处跳跃，可用同一只脚起跳和落地，也可以起跳为一只脚，落地为另一只脚。

（2）起跳应充分发挥爆发力，可以进行单脚向上、向侧面跳跃落地稳定练习。

（3）落地时应尽量保持身体的平衡与稳定。

4．器材：足球。

## 四、平衡垫双脚站立

1．练习目的：提高平衡能力。

2．练习安排：

（1）运动员两脚站立在平衡垫上，两膝微屈，目视前方，两手可以侧平举来保持身体平衡，保持静止20秒。

（2）运动员两脚站立在平衡垫上，两膝微屈，两手握住重物（可以根据自身条件选择合适的重物，要方便抓握），手臂向前伸直（图4-2-4）。让外力传递到躯干，保持静止15秒。

（3）运动员闭眼后同伴提醒跑动方位（向前、向后、向左、向右），睁眼后快速跑动到预定位置接同伴传球。

图4-2-4 平衡垫双脚站立

3．注意事项：

（1）充分调动腿部、踝关节及躯干力量，保持身体平衡。

（2）注意练习时动作不应过快，避免摔落甚至受伤。

4．器材：平衡垫、重物（如实心球）。

### 五、波速球下蹲练习

1．练习目的：提高平衡能力。

2．练习安排：

（1）运动员两脚站立于波速球上，站稳之后进行下蹲练习（图4-2-5）；下蹲到一定深度时，保持静止2秒，然后缓慢站起。注意保持身体的平衡性。

（2）运动员两脚站立于波速球上，站稳之后进行下蹲练习；下蹲到一定深度时，保持静止2秒，然后快速地向上跳起（不要跳得过高），身体充分伸展；两脚落在波速球上，屈膝缓冲。注意保持身体平衡。

图4-2-5　波速球
下蹲练习

（3）同伴抛球在运动员头顶上方，运动员快速向上跳起做一次头球练习，随后两脚落在波速球上，屈膝缓冲。注意保持身体平衡。

3．注意事项：

（1）应将力量与平衡能力有机地结合起来；下蹲的深度可以根据个人情况进行调整，可以半蹲也可以深蹲。

（2）动作不应过快；下蹲时要保持身体平衡，不能左右摇晃，应目视前方。

（3）同伴抛球的时机、高度要与运动员的起跳时机、高度配合好。

4．器材：波速球、足球。

### 六、滑雪步练习

1．练习目的：提高平衡能力。

2．练习安排：

（1）运动员两脚分开，臀部向后坐，将重心放到身体的一侧，臀部

和一侧大腿用力向下蹬。每次向一侧蹬地跳跃、单脚落地后，保持静止2秒，另一只脚尽量不落地，目视前方。（图4-2-6）

（2）要求每次向一侧蹬地跳跃时必须横跳过1米，落地时保持静止2秒，目视前方。

图4-2-6　滑雪步练习

（3）同伴看准时机传球，运动员在每次侧向横跳落地后进行一次接传球练习，然后接着做下一次侧向横跳。

3．注意事项：

（1）准备姿势膝关节不要超过脚尖。

（2）在保持身体半蹲的前提下进行侧向横跳，注意是跳而不是跨。

（3）大腿发力保持身体重心的稳定，练习时注意保持平稳，避免受伤。

4．器材：足球。

## 七、向前跳跃后单脚落在瑜伽砖上

1．练习目的：提高平衡能力。

2．练习安排：

（1）运动员两脚分开站立，向前跳跃，单脚落在瑜伽砖上，另一只脚

不能着地；保持静止2秒。（图4-2-7）

（2）可以向不同的方向跳跃。练习前，运动员要根据自己的跳跃习惯，选择合适的距离摆放瑜伽砖；练习时根据口令向不同方向的瑜伽砖跳跃，落砖后保持静止2秒。

图4-2-7　向前跳跃后单脚落在瑜伽砖上

（3）在腾空过程中进行不同程度的转体，有利于在头球争抢中保持身体平衡，增加滞空时间。运动员可根据自身情况向不同方向进行不同程度的转体，在落砖后要注意保持身体平衡。

3．注意事项：

（1）运动员应根据自己的跳跃习惯摆放瑜伽砖，在落砖时要屈膝缓冲，目视前方。

（2）落砖时，手臂可以侧平举或者前平举以维持身体平衡。

（3）起跳时可以是两脚同时起跳，也可以是单脚起跳；落砖时是单脚落砖，两脚轮流练习。

4．器材：瑜伽砖。

## 八、在多个平衡垫上行走

1. 练习目的：提高平衡能力。

2. 练习安排：

（1）运动员将平衡垫摆放在合适的位置，在平衡垫上进行行走练习；在行走的过程中目视前方，保持身体平衡，不能左右晃动。（图4-2-8）

图4-2-8　在多个平衡垫上行走

（2）从最后一个平衡垫上下来后进行15米的加速跑，跑到指定位置接球射门。

3. 注意事项：

（1）平衡垫的摆放要适合行走，摆放8～10个为宜。

（2）可以通过改变充气量来调整平衡垫的软硬程度，以提高或降低练习难度。

（3）练习应该循序渐进，逐渐加快运动的速度，练习时应提高支撑的稳定性。

4. 器材：平衡垫。

## 九、平衡垫弓步练习

1．练习目的：提高平衡能力。

2．练习安排：

（1）运动员站立准备，保持背部挺直，目视前方，身体向前自然倾斜。一只脚向前迈步，当脚踏在平衡垫上时，应当保持这一姿势以调整平衡，保持静止2秒，然后缓慢回到起始姿势。两脚轮流进行练习。（图4-2-9）

图4-2-9　平衡垫弓步练习

（2）在上述基础上，选择合适的重物，屈臂持于胸前。当脚踏在平衡垫上时，由于持有重物，保持身体平衡尤为重要，在回到起始姿势时，同样要注意保持身体平衡，不能左右晃动。

3．注意事项：

（1）平衡垫不能摆放在平滑地面上，以防止平衡垫打滑。

（2）身体不能晃动。

（3）在整个练习中，动作不能过快。弓步时要注意膝关节不过脚尖。

4．器材：平衡垫、合适的重物。

## 十、波速球单腿站立

1．练习目的：提高平衡能力。

2．练习安排：

（1）运动员单腿站立在波速球上，稳定状态下，悬空腿提膝至大腿与地面平行，保持5秒后缓慢放下。两腿轮流进行练习。（图4-2-10）

（2）运动员单腿站立在波速球上，稳定状态下，悬空腿提膝至腹前，两手抱膝，大腿尽量贴近胸前，保持5秒后缓慢放下。两腿轮流进行练习。

（3）运动员单腿站立在波速球上，稳定状态下，悬空腿提膝至腹前，两手抱膝，缓慢地进行脚部的内翻和外翻练习。在练习时身体不能晃动，内翻和外翻练习要缓慢，动作幅度不能过大。

图4-2-10　波速球单腿站立

3．注意事项：

（1）可以通过改变充气量来改变波速球的软硬程度，以提高或降低练习难度。

（2）在练习过程中，运动员可以通过外翻和内翻的训练加强踝关节的内翻肌和外翻肌力量。

4．器材：波速球。

第五章

# 校园足球灵敏性与训练

# 第一节　校园足球灵敏性概述

灵敏性是人体对刺激做出快速反应的能力。在足球项目中，灵敏性是运动员对足球比赛环境做出快速反应的能力，主要包括改变速度、改变方向，以及对运动情况进行预判和决策的能力。它是一系列相互联系的技能的复杂组合。运动员通过综合运用这些技能可以对外部刺激信号做出各种快速反应。灵敏性是足球运动员非常重要的体能要素，变向、变速都需要足球运动员具有出色的灵敏性。（图5-1-1）

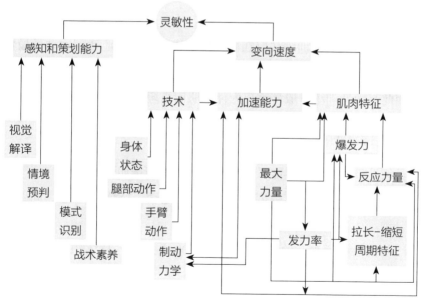

图5-1-1　灵敏性训练要素

在足球比赛中，很多技能（如从带球到传球或假动作，争取有利空间与抵御干扰，等等）都需要运动员具有良好的灵敏性。同速度一样，通过训练可以提高灵敏性。校园足球运动员正处在发展灵敏性的敏感期，提高灵敏性不仅可以帮助其提升竞技水平，而且可以提高其对预料之外的事情快速地做出反应的能力。

灵敏性训练包括反应能力、平衡能力和协调能力的训练。灵敏性训练既可以是主动训练，也可以是非主动训练。非主动训练是运动员可以直接参与的固定模式，而主动训练则需要运动员对某种刺激做出反应，并立即决定如何应对。这两种训练都能锻炼灵敏性，但足球运动员应以主动训练为主，因为主动训练更利于比赛。

# 第二节　校园足球灵敏性训练

## 一、训练强度

大多数的灵敏性训练都应在高强度下进行，强度应达到运动员最佳表现的80% ~ 95%。灵敏性训练的质量取决于神经反馈和神经肌肉系统的反应，因此灵敏性训练一般都被视为神经肌肉系统训练。

## 二、持续时间

灵敏性训练的主要供能系统和强度、时间安排如下：

（1）磷酸原系统。高强度（大于90%）运动，持续5 ~ 10秒，间歇时间1 ~ 2分钟。

（2）酵解能系统。高强度（80% ~ 90%）运动，持续20 ~ 90秒，间歇时间2 ~ 3分钟。

为了避免足球运动员在高强度灵敏性训练的过程中产生的疲劳对运动表现产生不利的影响，每节训练的总时间应当控制在5 ~ 10分钟。如果将间歇时间（通常组间间歇2～3分钟）考虑在内，那么每堂训练课的总时间能够达到35分钟。

### 三、位置专项灵敏性训练

足球运动员在场上的位置不同，对灵敏性的要求会存在差异，因此专项灵敏性训练必须与既定位置的生理学需求相匹配。后卫在足球比赛中的主要供能系统为磷酸原系统和酵解能系统，而中场队员则是以氧化能系统供能为主。前者需要更强的爆发力、灵敏性和反应能力，而后者则负责全队的组织工作，需要经常前插和后撤，在队内承担各种任务。这些差异说明灵敏性训练应当依据不同位置的供能系统需求进行安排。这对于13～15岁的足球运动员尤为重要。

**（一）2米×2米标志盘快速步伐练习**

1. 练习目的：发展下肢灵敏性。

2. 练习安排：用12个标志盘在一块空地上围成一个正方形，边长约为2米。运动员从正方形的一个角出发，分别用侧滑步和小碎步向前、向右、向后和向左绕过每一个标志盘，回到起点。做6组，组间间歇30秒。（图5-2-1）

图5-2-1　2米×2米标志盘快速步伐练习

3．注意事项：

（1）采用积极的动态拉伸进行适当的热身。

（2）降低重心，膝关节弯曲，脚跟微抬，身体微前倾，保持正确姿势，用最快的速度完成每组动作。

4．器材：秒表、标志盘。

**（二）"8"字绕桩练习**

1．练习目的：发展下肢灵敏性。

2．练习安排：将5个标志盘按图5-2-2所示摆成一个正方形，边长约为1.5米。运动员从任何一个顶点开始，呈"8"字形快速地绕过中间的标志盘回到起点，然后立刻到下一个顶点，重复这个动作，直到绕过正方形的每个顶点。做6组，组间间歇30秒。

图5-2-2 "8"字绕桩练习

3．注意事项：

（1）在30秒的间歇时间内必须尽快恢复。

（2）练习时，身体朝向可根据动作做出不同改变。

4．器材：秒表、标志盘。

**（三）"十"字绕桩练习**

1．练习目的：发展下肢灵敏性。

2.练习安排：

（1）将标志盘按［图5-2-3（a）］摆放，相邻标志盘间距40厘米。

（2）运动员从一端小碎步出发到中点，然后侧滑步到另一条边的一端，再侧滑步到这条边的另一端，返回到中点，继续小碎步向前快速通过每一个标志盘，最后冲刺出去。做6组，组间间歇30秒。［图5-2-3（b）］

（a）

（b）

图5-2-3 "十"字绕桩练习

3.注意事项：

（1）在30秒的间歇时间内必须尽快恢复。

（2）侧滑步和小碎步时不要踩到或触碰到标志盘。

（3）降低重心以正确的姿势、用最快的速度完成每组动作，并做出最后的全力冲刺。

4.器材：秒表、标志盘。

（四）绳梯步伐练习

1．练习目的：发展下肢灵敏性。

2．练习安排：

在平整的场地上布置好一条绳梯，运动员依次做以下练习：

（1）单脚快速踏绳梯前进、后退练习。［图5-2-4（a）］

（2）后交叉步快速踏绳梯前进、后退练习。［图5-2-4（b）］

（3）开合跳练习。［图5-2-4（c）］

（4）向后滑雪步练习。［图5-2-4（d）］

（a）　　　　　　　　　　（b）

（c）　　　　　　　　　　（d）

图5-2-4　绳梯步伐练习

3．注意事项：

（1）每个练习重复5次，间歇时间为15秒。

（2）练习时，身体朝向方向可变换。

（3）练习时尽量不要踩到绳梯。

4．器材：秒表、绳梯。

**（五）瑜伽球练习**

1．练习目的：增强反应能力，发展身体灵敏性。

2．练习安排：4～6名运动员站在圈外，用一个瑜伽球去砸圈里的其他运动员。被砸中的运动员加入圈外队伍。圈里的运动员灵活走位"存活"到最后为胜。练习时间为3～5分钟。（图5-2-5）

图5-2-5　瑜伽球练习

3．注意事项：

（1）注意安全，尽量将球投掷向腰部以下位置。

（2）球落地反弹砸中依然有效。

（3）可以增加瑜伽球数量，以提高练习难度。

4．器材：瑜伽球、秒表。

第六章

# 校园足球柔韧性与训练

# 第一节　校园足球柔韧性概述

柔韧性是指人体各关节的活动幅度，即关节的肌肉、肌腱和韧带等软组织的伸展能力，通常用关节活动度来表示。一个关节的活动度由多种因素决定，包括结缔组织构造、机体的活动状况、年龄、性别等。由于解剖结构不同、活动方式不同，每个关节的活动度也不同。

柔韧性一般分为静态柔韧性与动态柔韧性。静态柔韧性是指在外力的作用下，关节及其周围肌肉在被动活动时的运动范围，不需要自身肌肉活动的参与。动态柔韧性是指在主动活动过程中关节的运动范围，需要自身肌肉活动的参与。在许多专项运动中，为了提高运动成绩，运动员必须通过静态拉伸练习来提高柔韧性。提高柔韧性有助于提高身体协调性，保证运动员高质量地完成技术动作。

柔韧性的提高，依靠的是针对不同肌群和关节进行日积月累的静态和动态拉伸练习，而不仅仅是一两次拉伸训练课。定期的拉伸练习有助于提高运动员的力量、速度和跳跃高度。柔韧性在成年后提高的难度大，最好在青少年时期进行柔韧性训练，并且将热身活动和拉伸练习作为训练计划的重要部分。

足球技术包含了很多重复性的动作，整个运动过程中关节活动度也十分有限。这些重复性动作不仅会导致肌肉紧张，还可能造成肌肉拉伤或撕裂。在足球训练过程中增加柔韧性训练将会拉伸肌群，能缓解肌肉紧张，有效地避免运动损伤。

# 第二节　校园足球柔韧性训练

柔韧性训练包括静态拉伸、低强度的动态拉伸和一些热身操形式的活动，如前后摆臂、体前屈、开合跳等。进行拉伸练习的最佳时间一般是在热身活动结束后（慢跑和热身操后）、训练的间歇和训练课的结尾。拉伸练习对拉伸肩关节、髋关节、踝关节非常有效。应根据足球运动的发展阶段分别安排不同的训练方法和训练内容。柔韧性训练的周期模型见表6-2-1。

表6-2-1　柔韧性训练的周期模型

| 发展阶段 | 训练方法 | 训练内容 |
|---|---|---|
| 运动启蒙阶段 | 静态拉伸、低强度的动态拉伸 | 体侧屈拉伸 |
| | | 身体环绕拉伸 |
| | | 手足对侧体前屈拉伸 |
| | | 双手交叉体前屈拉伸 |
| | | 坐姿体前屈拉伸 |
| | | 跨坐体前屈拉伸 |
| | | 分腿跪姿体前屈拉伸 |
| 运动能力形成阶段 | 静态拉伸、易化牵伸、低强度的动态拉伸 | 深蹲站立体前屈拉伸 |
| | | 跪姿肩拉伸 |
| | | 站姿小腿肌群拉伸——原地触墙 |
| | | 站姿小腿肌群拉伸——触墙屈踝 |
| | | 对侧体旋拉伸 |
| | | 在同伴辅助下进行各种静态拉伸和易化牵伸练习 |
| 专项化阶段 | 静态拉伸、易化牵伸、动态拉伸 | 在同伴辅助下进行各种静态拉伸和易化牵伸练习 |
| | | 在同伴辅助下或独自进行各种静态拉伸和易化牵伸练习 |
| | | 进行各种动态拉伸练习：当动态拉伸到最大限度的拉伸位置时（产生不适的位置），应当注意控制力度 |

## 一、体侧屈拉伸

1. 练习目的：拉伸髋关节、躯干两侧。

2. 练习安排：

（1）运动员两脚分开站立，与肩同宽；两臂侧平举，掌心朝下。

（2）身体向左侧屈，两手上举，在头部左上方相碰，保持该姿势4~6秒。

（3）向右侧重复动作。（图6-2-1）

图6-2-1　体侧屈拉伸

3. 注意事项：

（1）每组练习10次，组间间歇30秒，练习2组。

（2）采用积极的动态拉伸进行适当的热身。

## 二、身体绕环拉伸

1. 练习目的：拉伸躯干、髋关节、腘绳肌。

2. 练习安排：

（1）运动员两脚分开站立，与肩同宽；两臂上举，掌心相对。

（2）两手交叉，手臂和身体沿逆时针方向连续完成绕环：从左侧开始，向地面伸展，直至从右侧举起至头部上方，回到初始位置。

（3）沿顺时针方向连续完成绕环。（图6-2-2）

图6-2-2　身体绕环拉伸

3. 注意事项：

（1）每组逆时针练习6次，顺时针练习6次，组间间歇15秒，练习4组。

（2）采用积极的动态拉伸进行适当的热身。

（3）两臂始终保持伸直。

## 三、手足对侧体前屈拉伸

1. 练习目标：拉伸髋关节、躯干、腘绳肌。

2. 练习安排：

（1）运动员两脚分开站立，比肩稍宽；两臂上举，掌心相对。

（2）屈髋的同时，左手向前触碰右脚，右臂向上方伸展。

（3）回到起始姿势。

（4）换右手向前触碰左脚，左臂向上方伸展。

（5）回到起始姿势。（图6-2-3）

3. 注意事项：每次拉伸姿势保持4～6秒，每组练习4次，组间间歇10秒，练习4组。

图6-2-3　手足对侧体前屈拉伸

## 四、双手交叉体前屈拉伸

1. 练习目的：拉伸髋关节、背部、肩关节、腘绳肌。

2. 练习安排：

（1）运动员两脚分开站立，比肩稍宽；两臂侧平举，掌心朝下。

（2）上身前屈，两臂在体前交叉，两手分别触碰对侧脚踝。

（3）上身上抬伸展至水平俯身位，两臂打开侧平举，再直立身体。

（4）回到起始姿势。（图6-2-4）

图6-2-4　双手交叉体前屈拉伸

3. 注意事项：每次拉伸姿势保持4～6秒，每组练习6次，组间间歇10秒，练习4组。

## 五、坐姿体前屈拉伸

1. 练习目的：拉伸髋关节、腘绳肌、小腿。

2. 练习安排：

（1）运动员坐姿开始，两腿伸直并拢，手臂在身体两侧伸直。

（2）上身前屈的同时呼气，手臂尽量向脚趾方向前伸。

（3）回到起始姿势。（图6-2-5）

图6-2-5　坐姿体前屈拉伸

3. 注意事项：每次拉伸姿势保持4～6秒，每组练习4次，组间间歇10秒，练习4组。

## 六、跨坐体前屈拉伸

1. 练习目的：拉伸髋关节、肩关节、小腿。

2. 练习安排：

（1）运动员仰卧平躺，手臂在头部上方伸展，身体成一条直线。

（2）上身抬起，向腿部方向屈曲，两手尝试触碰脚尖，踝关节背屈。

（3）回到起始姿势。（图6-2-6）

3. 注意事项：每次拉伸姿势保持4～6秒，每组练习10次，组间间歇

30秒，练习2组。

图6-2-6 跨坐体前屈拉伸

## 七、分腿跪姿体前屈拉伸

1. 练习目的：拉伸髋关节、腘绳肌、肩关节。

2. 练习安排：

（1）运动员左膝跪地，右腿向前伸直。

（2）躯干向右扭转前弯的同时，左手触碰右脚脚踝，保持该姿势3～6秒。然后上身伸展，回到起始姿势。

（3）换另一侧腿重复动作。（图6-2-7）

图6-2-7 分腿跪姿体前屈拉伸

3．注意事项：

（1）变化动作：练习时，腿向斜前方而非正前方伸直。

（2）每组练习10次，组间间歇20秒，练习4组。

## 八、深蹲站立体前屈拉伸

1．练习目的：拉伸腘绳肌、髋关节。

2．练习安排：

（1）运动员屈膝、屈髋，以全蹲姿势蹲于地面，两手置于地面。

（2）伸膝，两腿伸直，上身前屈，保持两手始终置于地面。

（3）回到起始姿势。（图6-2-8）

图6-2-8　深蹲站立体前屈拉伸

3．注意事项：

（1）每次拉伸姿势保持3~5秒，每组练习10次，组间间歇30秒，练习2组。

（2）采用积极的动态拉伸进行适当的热身。

（3）两臂始终保持伸直、置于地面。

## 九、跨坐转体抱球拉伸

1. 练习目的：拉伸肩关节、腹股沟肌群、髋关节、腘绳肌。

2. 练习安排：

（1）运动员两腿分开坐于地面，两手在胸前持一实心球。

（2）两手持球向右脚脚尖伸展，进行一个完整的转体绕环至左脚脚尖后再回到起始姿势。

（3）再次伸展手臂，从左脚脚尖转体至右脚脚尖。（图6-2-9）

图6-2-9　跨坐转体抱球拉伸

3. 注意事项：

（1）每组顺时针练习6次，逆时针练习6次，组间间歇15秒，练习4组。

（2）采用积极的动态拉伸进行适当的热身。

（3）两臂始终保持伸直。

4. 器材：实心球。

## 十、跪姿肩拉伸

1. 练习目的：拉伸肩关节、胸部。

2. 练习安排：

（1）运动员两膝跪地，两臂高举过头，屈髋向前伸展，使两臂贴向地面。

（2）胸部向地面下压，保持该姿势4~6秒。

（3）回到起始姿势。（图6-2-10）

图6-2-10　跪姿肩拉伸

3. 注意事项：

（1）每组练习10次，组间间歇20秒，练习2组。

（2）采用积极的动态拉伸进行适当的热身。

（3）胸部向地面下压时，注意保持正确姿势。

## 十一、站姿小腿肌群拉伸——原地触墙

1. 练习目的：拉伸小腿肌群。

2. 练习安排：

（1）运动员两脚并拢，面向墙壁站立，掌心向前，在胸部的高度贴墙。

（2）踝关节和膝关节弯曲，但脚跟不要离开地面，压力主要由踝关节承受，保持该姿势6～8秒。

（3）回到起始姿势。（图6-2-11）

3. 注意事项：每组练习6～8次，组间间歇20秒，练习2组。

图6-2-11　站姿小腿肌群拉伸——原地触墙

## 十二、站姿小腿肌群拉伸——触墙屈踝

1. 练习目的：拉伸小腿肌群。

2. 练习安排：

（1）运动员两脚并拢，面向墙壁站立，掌心向前，在胸部的高度贴墙，两脚移动，尽可能远离墙壁。

（2）膝关节微屈，在不提起脚跟的情况下，使踝关节尽量背屈，保持该姿势6～10秒。

（3）回到起始姿势。（图6-2-12）

3. 注意事项：每组练习6～8次，组间间歇20秒，练习2组。

图6-2-12 站姿小腿肌群拉伸——触墙屈踝

## 十三、对侧体旋拉伸

1．练习目的：拉伸肩关节、背部、腹股沟肌群。

2．练习安排：

（1）运动员四点支撑，从跪撑开始。

（2）左腿向后伸的同时，左侧手臂向前方伸展。

（3）回到起始姿势。

（4）换对侧肢体，重复动作。

（5）回到起始姿势。（图6-2-13）

图6-2-13 对侧体旋拉伸

3．注意事项：

（1）每次拉伸姿势保持4~6秒，每组练习8次，组间间歇20秒，练习

2组。

（2）采用积极的动态拉伸进行适当的热身。

## 十四、被动站姿单侧屈髋肌拉伸

1．练习目的：拉伸腹股沟、股四头肌、躯干。

2．练习安排：

（1）运动员A立于运动员B前方1米处。

（2）运动员A向后方抬起左腿，上身保持不动，运动员B两手握住运动员A的左脚脚踝，缓慢地向上拉伸运动员A的左腿，保持该姿势2~6秒。

（3）运动员B放低运动员A的左腿，回到起始姿势。换另一侧腿重复动作，之后两人互换位置继续进行拉伸练习。（图6-2-14）

图6-2-14　被动站姿单侧屈髋肌拉伸

3．注意事项：

（1）变化动作：保持拉伸姿势的同时，运动员A的支撑腿配合进行屈伸。

（2）每组练习8次，组间间歇20秒，练习2组。

## 十五、被动仰卧单侧腘绳肌拉伸

1. 练习目的：拉伸腘绳肌、髋部肌群。

2. 练习安排：

（1）运动员A仰卧平躺，手臂在身体两侧。运动员B立于运动员A的脚踝处。

（2）运动员A主动抬起左腿，运动员B用两手握住运动员A的左脚脚踝，对运动员A的左腿持续地施以压力。

（3）运动员A放下左腿，回到起始姿势。换另一侧腿重复动作，之后两人互换位置继续进行拉伸练习。（图6-2-15）

3. 注意事项：每组练习8次，组间间歇20秒，练习2组。

图6-2-15　被动仰卧单侧腘绳肌拉伸

## 十六、分腿跪姿屈髋肌拉伸

1. 练习目的：拉伸股四头肌、屈髋肌、腹股沟肌群。

2. 练习安排：

（1）运动员右腿在前，左腿在后，单膝跪地，膝关节均屈曲90度。

（2）保持上身挺直，髋关节前压，身体前倾，拉伸左侧大腿前部；然后左手抓住左脚脚尖，慢慢把脚拉向臀部，拉伸股四头肌，保持该姿势10~15秒。

（3）重复拉伸对侧肌肉。（图6-2-16）

图6-2-16　分腿跪姿屈髋肌拉伸

3．注意事项：

（1）每组练习8次，组间间歇30秒，练习2组。

（2）采用积极的动态拉伸进行适当的热身。

第七章

# 校园足球力量与训练

# 第一节　校园足球力量概述

力量是人体对抗阻力的能力。人体姿势的维持、自身肢体的移动和克服阻力对外做功等都需要一定水平的力量。力量训练形式多样，力量训练计划应包括力量耐力训练与爆发力训练。校园足球阶段并不要求运动员锻炼出最大力量或使身体更加强壮，而要求运动员达到"最佳"力量水平。因此，力量训练计划必须能够反映足球项目需求。校园足球运动员力量类型及训练详情见表7-1-1。

表 7-1-1　校园足球运动员力量类型及训练详情

| 力量类型 | 训练强度 | 训练速度 | 目标 | 1RM（最大负荷）的百分比 /% | 重复次数与组数 |
|---|---|---|---|---|---|
| 爆发力 | 中等—强 | 很快 | 爆发力量 | 85 ~ 100 | 1 ~ 5，4 ~ 8 |
| 力量耐力 | 轻—中等 | 持续不变 | 运动量 | ≤65 | 12 ~ 25，2 ~ 3 |

校园足球运动员的力量训练集中在爆发力与力量耐力训练上。爆发力是力量与速度的结合，是足球运动员最需要的力量类型，这种力量可以很好地运用到赛场上。爆发力训练主要是在最快的速度下发展抗阻力量，通过跳跃训练（增强式训练）来提高训练效果。力量耐力指肌肉长时间重复收缩的能力。对于校园足球运动员来说，可将力量耐力训练作为早期力量训练的一部分。

良好的力量能为校园足球运动员提供维持身体姿势所必需的稳定性与平衡能力，能提高运动员的灵敏性、速度和技术能力。

# 第二节　校园足球力量训练

由于校园足球运动员处于青少年阶段，因此校园足球力量训练过程中应该减少大负荷负重练习，适当地增加克服自身体重的练习，降低运动损伤的风险，提高运动表现。实践中，校园足球运动员的力量训练以力量耐力训练与爆发力训练为主。

## 一、力量耐力训练

校园足球运动员的力量耐力训练可以循环练习的方式进行，即根据自己的目标设定循环周期，以重复次数或时间为基础，每组4～5项练习。在以时间为基础的运动中，应事先确定一个训练时间，尽量在指定的时间内完成预定的重复次数。

### （一）下肢循环练习

1. 哑铃负重蹲起（重复15次）。

2. 30秒动感单车冲刺或100米跑冲刺。

3. 哑铃负重侧弓步（每条腿重复12次）。

4. 瑞士球仰卧屈腿（重复15次）。

5. 60秒极速自行车冲刺。

按以上顺序完成3～4组练习，完成每组练习之后休息1分钟。

### （二）上肢循环练习

1. 哑铃屈臂与推举（重复12次）。

2. 斜体全身上拉（重复12次）。

3. 上肢台阶训练（每只手臂重复12次）。

4. 坐位下拉（拉至前方）（重复12次）。

5. 斜体俯卧撑（重复12次）。

按以上顺序完成3～4组练习，完成每组练习之后休息1分钟。

**（三）全身循环练习**

1. 哑铃悬挂（重复5次）。

2. 举哑铃下蹲（重复5次）。

3. 哑铃负重侧弓步（每条腿重复5次）。

4. 哑铃分肘提拉（重复5次）。

5. 哑铃下蹲跳跃（重复5次）。

按以上顺序完成5组练习，完成每组练习之后休息1分钟。

**（四）躯干稳定循环练习**

1. 瑞士球收腹运动。

2. 后背伸展运动。

3. 坐位实心球转体。

4. "V"形两头起。

5. 实心球站姿胸前画圈。

每个练习持续30秒，按以上顺序完成2～3组练习，完成每组练习之后休息1分钟。

**（五）腿部循环练习**

1. 负重（体重）下蹲至最低（重复20次）。

2. 负重（体重）向前成弓步（重复20次）。

3. 负重（体重）台阶踏步（每步30厘米，重复20次）。

4. 蹲踞跳（重复20次）。

按以上顺序完成2～3组练习，完成每组练习之后休息1分钟。

**（六）侧向（侧面）强化腿部循环练习**

1. 负重（体重）两脚分开站立，单侧下蹲（一边向另一边倾斜，重复20次）。

2. 负重（体重）侧向成弓步（重复20次）。

3. 负重（体重）侧向台阶踏步（重复20次）。

4. 侧向弹跳（滑冰步，重复10次）。

按以上顺序完成2～3组练习，完成每组练习之后休息1分钟。

**（七）基础半腿循环练习**

1. 负重（体重）下蹲（重复10次）。

2. 负重（体重）向前成弓步（重复10次）。

3. 负重（体重）台阶踏步（重复10次）。

4. 蹲踞跳（重复5次）。

按以上顺序完成3～4组练习，完成每组练习之后休息30秒。

## 二、爆发力训练

**（一）实心球垂直运动**

1. 练习目的：发展全身爆发力。

2. 练习安排：

（1）运动员直臂将实心球高举过头顶，两脚张开；屈膝弯腰，使实心球朝地面移动；恢复起始姿势。（图7-2-1）

图7-2-1　实心球垂直运动

（2）每组练习6～8次，共3～5组。

3．注意事项：

（1）练习过程中保持躯干稳定。

（2）注意呼吸节奏。

4．器材：实心球。

**（二）实心球斜向对角线运动**

1．练习目的：发展全身及躯干旋转的爆发力。

2．练习安排：

（1）运动员两手握住实心球，从头部左上方开始向右下方移动实心球，同时扭动腰部。（图7-2-2）

图7-2-2　实心球斜向对角线运动

（2）每组练习6～8次，共3～5组。

3．注意事项：

（1）练习过程中保持躯干稳定。

（2）注意呼吸节奏。

4．器材：实心球。

**（三）杠铃蹲起跳**

1．练习目的：发展下肢爆发力。

2．练习安排：

（1）使用深蹲架将杠铃放置在胸高位置。运动员从杠铃下穿过，将杠铃从深蹲架移开，并将杠铃放置在自己上肩部肌肉、斜方肌上，向前走到空地上，半蹲后，腿部发力向上快速跳起，前脚掌落地、屈膝、屈髋缓冲。（图7-2-3）

图7-2-3　杠铃蹲起跳

（2）每组练习8～10次，共3～5组。

3．注意事项：

（1）两脚稍宽于肩站立，脚尖可外旋15～30度。

（2）时刻保持上身挺直。

4．器材：深蹲架、杠铃。

**（四）负重弓步**

1．练习目的：发展下肢爆发力。

2．练习安排：

（1）运动员两手握住杠铃片，下放至身体两侧。向前迈出一步，步长为60～90厘米，膝关节弯曲，臀部向地面压低。前腿迅速蹬地，恢复起始姿势。（图7-2-4）

（2）每组练习8～10次，共3～5组。

图7-2-4　负重弓步

3．注意事项：

（1）前腿膝关节置于前脚前，但不要太远。

（2）注意呼吸节奏。

4．器材：杠铃片。

**（五）双脚纵向跳小栏架**

1．练习目的：发展下肢爆发力。

2．练习安排：

（1）运动员双脚起跳，跳过小栏架。起跳时，下肢积极蹬伸，上肢用力上摆；腾空时，核心收紧；落地时，保持身体的平衡与稳定。（图7-2-5）

（2）每组练习5～6次，共3～4组。

图7-2-5　双脚纵向跳小栏架

3．注意事项：落地时，膝关节不能内扣，不要超过脚尖。

4．器材：小栏架。

**（六）单脚横向跳小栏架**

1．练习目的：发展下肢爆发力。

2．练习安排：

（1）运动员单脚起跳，横向跳过小栏架。起跳时，下肢积极蹬伸，上

肢用力上摆；腾空时，核心收紧；单脚落地时，保持身体的平衡与稳定。（图7-2-6）

（2）每组练习5~6次，共3~4组。

3. 注意事项：落地时，膝关节不能内扣，不要超过脚尖。

4. 器材：小栏架。

**（七）单脚横向跳小栏架接90度旋转**

1. 练习目的：发展下肢爆发力与躯干控制能力。

2. 练习安排：

（1）运动员单脚起跳，横向跳过小栏架，在空中旋转90度，保持身体姿势的稳定，核心收紧；单脚落地时，保持身体的平衡与稳定。（图7-2-7）

（2）每组练习5~6次，共3~4组。

图7-2-6 单脚横向跳小栏架

图7-2-7 单脚横向跳小栏架接90度旋转

3．注意事项：

（1）落地时，膝关节不能内扣，不要超过脚尖。

（2）落地时，注意脚尖方向与膝关节方向一致，防止脚踝受伤。

4．器材：小栏架。

**（八）双臂屈伸**

1．练习目的：发展上肢爆发力。

2．练习安排：

（1）运动员两手抓住双杠把手，伸直手臂撑在上面，身体慢慢往下，直到上臂与地面平行，在最低位时暂停，然后伸直手臂。（图7-2-8）

图7-2-8　双臂屈伸

（2）每组练习6～8次，共3～5组。

3．注意事项：

（1）保持正确的姿势，垂直移动。

（2）注意身体直降到上臂与地面平行，保持手肘在最低位置时不高过肩膀。

4．器材：双杠。

（九）站姿弹力带推胸

1. 练习目的：发展上肢力量。

2. 练习安排：

（1）将弹力带中间固定在双杠上，与肩同高；运动员背向固定端站立，两脚前后开立；集中精力用两臂同时或轮流向前推弹力带到最远端。（图7-2-9）

图7-2-9 站姿弹力带推胸

（2）每组练习6～8次，共3～5组。

3. 注意事项：

（1）推弹力带时，不要耸肩或者臀部后移。

（2）注意呼吸节奏。

4. 器材：双杠、弹力带。

（十）俯卧撑系列动作

1. 练习目的：发展上肢力量。

2. 练习安排：

（1）上斜式俯卧撑：将双手放至跳箱上练习俯卧撑。[图7-2-10（a）]

（2）下斜式俯卧撑：将双脚放至跳箱上练习俯卧撑。[图7-2-10（b）]

（3）篮球（双臂或单臂）俯卧撑：将两手放至篮球上，练习俯卧撑的同时控制好球；将两脚放至篮球上，练习俯卧撑的同时控制好球。[图7-2-10（c）]

（4）每组练习6~8次，共3~5组。

（a）

（b）

（c）

图7-2-10 俯卧撑系列动作

3. 注意事项：

（1）保持躯干的稳定。

（2）注意呼吸节奏。

4. 器材：跳箱、篮球。

第八章

# 校园足球速度与训练

# 第一节　校园足球速度概述

速度是指通过加速度获得最大速度的运动能力，是在特定的运动或技术动作中运用爆发力的结果。校园足球运动员的速度可以分为快速完成动作的能力（动作速度）、对外界信号刺激的反应能力（反应速度）和速度的综合表现形式（移动速度）。其具体表现如下：

（1）反应速度：对听觉与视觉信号刺激的应答速度，如对球、空间、对手及队友的行动做出反应的能力。

（2）感知、预判、决策速度：运用视觉和听觉感知比赛过程中出现的情境的能力，依靠先前获得的经验对将要发生的情况做出预判的能力，短时间内对复杂情境快速做出决策的能力。

（3）无球状态下的速度：无球状态下的往返或周期运动能力，如起动速度、加速度和最大速度。

（4）有球动作速度：最快速度下结合球完成任务的能力，如压力下的运球、突破、传球、射门。

（5）比赛行为速度：快速思维、决策后的快速行动能力。

影响足球运动员速度的因素既有先天的，也有后天的；既有功能性的，也有技术性的。它主要包括以下几个方面：

（1）遗传基因，如身体形态、肌纤维类型、神经系统等。

（2）反应时间、有球技术熟练程度、战术意识的积累。

（3）关节活动度，即运动员的肢体（踝、髋、肩）在所需运动范围内活动的自由程度。

（4）跑步技术：正确的起动、加速和最大速度的技术（身体姿态、摆臂动作、两腿动作）。

（5）步长、步频：步长与运动员的关节活动度、力量有关，步频与神经系统的灵活性相关。

（6）力量水平：发挥速度时的力量。力量水平训练的目标并不是简单地发展肌力和肌肉的维度，而是加快力量做功的速率，提升冲量。

（7）爆发力：人体在静止或者相对慢速的状态下以最短时间达到最大速度的能力。

（8）反应力量：肌肉从离心式拉长到向心式收缩的过程中，利用弹性能量在肌肉中的储存与再释放，以及神经反射性调节所爆发出的力量。提高反应力量的训练方式主要是增强式训练（目标是短时间内产生较大的力，如跑跳时缩短脚与地面接触的时间）。

（9）骨盆及核心区的力量：用于稳定躯干、传导力、控制身体姿态与平衡。

# 第二节　校园足球速度训练

要使速度训练取得理想的效果，要做到以下几点。首先，树立"速度训练即技能训练"的训练理念，确保训练方法的合理性、动作技能的规范性。其次，合理地选择速度训练的形式，把握训练所处的阶段，训练频率、参与人数、练习形式、方法与手段的选择，以及负荷与进展安排等因素。最后，在进行速度训练前，做好动态拉伸和柔韧性的准备，增加主要肌群的活动范围和提高神经肌肉的控制能力，预防运动损伤。

## 一、动作加速训练

### （一）蹬摆

1. 练习目的：加快动作速度。

2. 练习安排：

（1）运动员身体直立，面向肋木；两手撑肋木，身体向前方倾斜，保持头、肩、髋、膝、踝成一条直线。

（2）右脚抬离地面，左脚脚跟离开地面，脚尖指向肋木，保持这一姿势。

（3）左脚脚跟着地，屈左腿膝关节，髋关节向下坐。

（4）抬起身体至起始姿势并保持，重复规定次数。然后换另一侧练习。可采用阻力带提供阻力，进行进阶练习。（图8-2-1）

图8-2-1 蹬摆

3. 注意事项：

（1）始终保持标准的身体姿势，抬起脚在膝关节的正下方，勾脚尖。

（2）在完成上抬身体后，收紧支撑腿的臀部。

4. 器材：肋木、阻力带。

**（二）阻力带跨步跑**

1. 练习目的：提升下肢肌肉及韧带的弹性，加强核心肌群。

2. 练习安排：

（1）运动员身体直立，在髋关节位置系上阻力带，阻力带在身体的正后方。

（2）左腿抬离地面的同时，右臂向前方上摆。

（3）左腿快速向后下方蹬地，右腿抬离地面，同时左臂向前方上摆。

（4）两腿快速地交替向前移动，完成规定距离，重复规定次数。（图8-2-2）

图8-2-2　阻力带跨步跑

3．注意事项：

（1）始终保持标准的身体姿势，勾脚尖。

（2）在落地时，要缩短脚与地面的接触时间。

（3）落地要有弹性，通过髋关节吸收落地时的反作用力。

（4）在动作过程中，通过有力地摆臂和髋关节的蹬伸产生力。

（5）在向前移动过程中，身体向前倾斜20度，以对抗施加在髋部的阻力，并维持身体的稳定与平衡。

4．器材：阻力带。

**（三）阻力带加速跑**

1．练习目的：加快动作速度。

2．练习安排：

（1）运动员身体直立，在髋关节位置系上阻力带，阻力带在身体的正后方。

（2）左腿抬离地面的同时，右臂向前方上摆。

（3）左腿快速向后下方蹬地，右腿抬离地面，同时左臂向前方上摆。

（4）两腿快速地交替向前移动，完成规定距离，重复规定次数。（图8-2-3）

3. 注意事项：

（1）始终保持标准的身体姿势，勾脚尖。

（2）在落地时，要缩短脚与地面的接触时间。

图8-2-3 阻力带加速跑

（3）落地要有弹性，通过髋关节吸收落地时的反作用力。

（4）在动作过程中，通过有力地摆臂和髋关节的蹬伸产生力。

（5）在向前移动过程中，身体向前倾斜30度以对抗施加在髋部的阻力，并维持身体的稳定与平衡。

4. 器材：阻力带。

**（四）推雪橇车走（跑）**

1. 练习目的：激活核心肌弹、股四头肌、臀肌和小腿肌肉等跑步时的关键肌群。

2. 练习安排：

（1）运动员身体向前倾斜45～50度，背部平直，腹部收紧，两手扶在雪橇车手把上，雪橇车上根据运动员能力加杠铃片。

（2）左腿快速下蹬落地时，右腿抬离地面。

（3）两腿交替下蹬落地、抬离地面，走或跑向前，完成规定距离，重复规定次数。（图8-2-4）

3. 注意事项：

（1）始终保持标准的身体姿势，勾脚尖。

图8-2-4　推雪橇车走（跑）

（2）有力地蹬地有助于髋关节充分伸直。

（3）在一侧腿充分蹬地的同时，另一侧腿有力地向前摆动至大腿垂直于躯干。

（4）在向前移动过程中，身体向前倾斜45～50度，以对抗阻力，并维持身体的稳定与平衡。

4．器材：雪橇车、杠铃片。

**（五）拉轮胎跑**

1．练习目的：通过增加负重提高加速能力，促进位移速度的提升。

2．练习安排：

（1）将轮胎用绳子捆住，套在运动员的肩或腰上，运动员拉轮胎跑。

（2）跑动距离为20～40米；做3～6组，每组间隔2～3分钟。（图8-2-5）

图8-2-5　拉轮胎跑

3．注意事项：

（1）保持脊柱中立，核心收紧，大步前进，加速跑动。

（2）注意轮胎的重量，选用中等大小的轮胎，重量为20～40千克。

4．器材：轮胎、绳子。

## 二、起跑动作训练

### （一）前倾起跑

1．练习目的：体会起跑主要作用肌的"放松—压缩—释放"过程。

2．练习安排：

（1）运动员身体直立，保持标准的身体姿势，背部平直，腹部、臀部收紧。

（2）身体挺直并且逐渐向前下方倾斜，直至感觉即将无法完成起跑动作时，快速地抬起右腿前摆，左腿向后下方蹬伸，两臂充分向相反方向摆动。（图8-2-6）

图8-2-6　前倾起跑

3．注意事项：

（1）在身体前倾过程中，注意身体挺直，保持标准的身体姿势。

（2）在保证安全和最优化的起跑首步技术的情况下，尽可能加大前倾的角度。

（3）腿应向后下方有力地蹬伸以获取地面对身体的反作用力，以便更好地加速。

（4）起跑第一步着地点在身体重心投影点的后方，两脚间距较大。

（5）在加速过程中，控制住腰部，保持躯干稳定。

**（二）分腿姿势起跑**

1．练习目的：熟悉起跑动作，体会起跑主要作用肌的"预先压缩—前倾压缩—释放"过程，提升发力肌群的力量和核心肌群的稳定性。

2．练习安排：

（1）运动员分腿姿势站立，左脚在右脚的前方，髋关节后坐，右臂在身体前方，左臂在后。

（2）左腿向后下方有力地蹬伸，身体向前加速，右腿抬离地面加速前摆，两臂充分向相反方向摆动。

（3）向前加速完成规定距离，重复规定次数。（图8-2-7）

图8-2-7　分腿姿势起跑

3．注意事项：

（1）在起跑过程中，始终保持标准的身体姿势。

（2）在动作过程中，通过有力地摆臂和髋关节的蹬伸产生力。

（3）在加速过程中，控制住腰部，保持躯干稳定。

（4）变化：由左腿在前、右腿在后变为右腿在前、左腿在后，前侧腿有力蹬地，后侧腿向前抬离地面，加速摆动，同时转髋，两臂充分向相反方向摆动，向前加速完成规定距离，重复规定次数。

**（三）落地—起跑**

1. 练习目的：在起跑前承受落地带来的压力，体会起跑主要作用肌的"压缩—释放—超重压缩—释放"过程，提升发力肌群的力量和核心肌群的稳定性。

2. 练习安排：运动员身体直立，反向预摆，纵向跳起，双脚同时落地后，身体逐渐向前下方倾斜，直至感觉即将无法完成起跑动作时，快速地抬起一腿前摆，另一腿向后下方蹬伸，两臂充分向相反方向摆动。

3. 注意事项：

（1）在身体前倾过程中，注意身体挺直，保持标准的身体姿势。

（2）在保证安全和最优化的起跑首步技术的情况下，尽可能加大前倾的角度。

（3）腿应向后下方有力地蹬伸以获取地面对身体的反作用力，以便更好地加速。

（4）变化：双脚起跳、单脚落地后再起跑，双脚起跳、分腿蹲姿落地后再起跑，减速后再变向加速。这些动作的衔接要流畅。

**（四）上坡跑**

1. 练习目的：加大起动时的步长，加快起动速度，提高转化到最大速度的能力。

2. 练习安排：

（1）运动员上身稍前倾，重心适当前移，上坡跑时步长要大，用前脚掌着地。

（2）支撑腿快速后蹬，从而推动身体沿上坡跑。（图8-2-8）

3. 注意事项：

（1）上坡跑的坡度以15～20度为宜。

（2）上坡跑9～14米时应加速到最大速度。

（3）注重蹬伸的发力。

图8-2-8　上坡跑

**（五）下坡跑**

1. 练习目的：加快跑步步频和绝对速度。

2. 练习安排：运动员上身稍直立，重心稍向后，沿下坡小步快跑。（图8-2-9）

图8-2-9　下坡跑

3. 注意事项：

（1）下坡跑的坡度以3度以内为宜。

（2）下坡跑时，应保持放松，注意减震，快速移动两腿，尽量不要用脚跟着地。

（3）避免后仰与直腿着地，放松手臂和肩膀。

**（六）弹力带抗阻冲刺**

1. 练习目的：加快起动速度和步频。

2. 练习安排：

（1）将弹力带的一端绑在运动员的腰间，运动员降低重心，保持原地起跑的准备姿势。

（2）同伴手持弹力带另一端将其拉长。

（3）要求保持正确的起跑姿势。（图8-2-10）

图8-2-10 弹力带抗阻冲刺

3. 注意事项：起跑与加速距离控制在10～15米。

4. 器材：弹力带。

## 三、位置专项速度训练

**（一）1VS1冲刺15～20米争抢球射门**

1. 练习目的：培养快速无球跑动后争抢球射门的能力，提高爆发力和反应能力。

2. 练习安排：

（1）队员分成两组，均站在标志筒后，两组队员相距10米，标志筒距离球门约40米，球门处安排一名守门员。

（2）教练员将球向前踢出，每组第一名队员快速向前追赶球，先控制住球的队员为进攻队员，另一名队员为防守队员。

（3）进攻队员快速向门前运球完成射门则得一分。依次进行，得分高的组获胜。（图8-2-11）

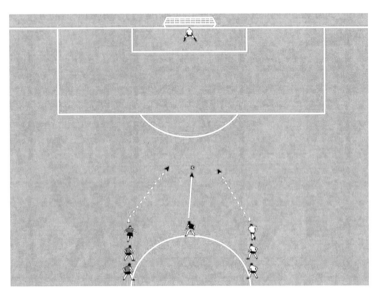

图8-2-11　1VS1冲刺15~20米争抢球射门

3. 注意事项：

（1）不得抢跑。

（2）在向前快速跑动时，防守队员应积极在后面追赶进攻队员，但不得推人犯规。

（3）进攻队员应快速向前运球完成射门，注意提前观察射门的角度。

4. 器材：足球、标志筒。

**（二）2VS1起动5~10米争抢球射门**

1. 练习目的：培养快速跑动能力和小组合作得分的能力，提高爆发力和速度素质。

2. 练习安排：

（1）队员分成3组，中间一组为防守方，左右两组为进攻方，均站在标志筒后，相邻两组队员相距10米，标志筒距离球门约40米，球门处安排一名守门员。

（2）教练员将球向前踢出，每组第一名队员均向前快速追赶球。一名进攻队员先控制球，另一名进攻队员则配合完成进攻，形成2VS1的进攻，防守队员积极回追并防守。

（3）进攻队员快速向门前运球完成射门则得一分（两名进攻队员都加分），防守队员破坏进攻则得一分。依次进行，得分高的组获胜。（图8-2-12）

图8-2-12　2VS1起动5～10米争抢球射门

3. 注意事项：

（1）不得抢跑。

（2）在向前快速跑动时，防守队员应积极在后面追赶进攻队员，注意进攻队员传球的路线。

（3）进攻队员快速向前运球完成射门，另一名进攻队员可以补射，注意2VS1配合的时机。

4. 器材：足球、标志筒。

（三）30米快速带球跑反击与回追

1．练习目的：培养快速带球跑技术与反击得分的能力，提高爆发力和速度素质。

2．练习安排：

（1）队员分成两组，一组为进攻方，另一组为防守方，均站在标志筒后，两组队员相距15米，标志筒距离球门约50米，球门处安排一名守门员。

（2）教练员将球传给进攻队员，进攻队员向门前快速带球跑，防守队员快速回追防守。

（3）进攻队员持球接近球门射门并进球得一分，防守队员抢断成功后反向快速带球跑冲过中线得一分。依次进行，得分高的组获胜。（图8-2-13）

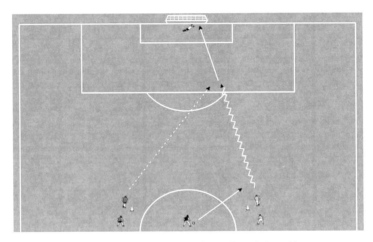

图8-2-13　30米快速带球跑反击与回追

3．注意事项：

（1）不得抢跑。

（2）在快速运球时要注意人与球的结合，3~4步触1次球，防守队员应积极追赶进攻队员，注意进攻队员跑动的路线。

（3）在防守方抢断球后攻守双方转换角色。

4．器材：足球、标志筒。

第九章

# 校园足球耐力与训练

# 第一节　校园足球耐力概述

耐力是指机体长时间运动和抗疲劳的能力。足球运动员的耐力是指保持整场比赛的奔跑、急停、短距离的反复冲刺，以及在比赛中完成不同技战术动作的能力。

足球运动员在一场比赛中需要交替地进行行走、慢跑、站立、中速跑、快速跑、冲刺跑、倒退跑等，在不断跑动中和对手的逼抢下完成带球、传球、头球、射门等一系列的技术动作。高强度跑动的距离一般占全场跑动距离的10%左右。以冲刺为例，开始的6~8秒属于磷酸原系统供能，8秒后酵解能系统开始起作用，磷酸原系统供能减少，30秒后酵解能系统成为主要供能系统。2分钟后氧化能系统开始供能，酵解能系统供能逐步减弱，3分钟后氧化能系统成为主要的供能系统。在足球运动中，大部分时间的供能以氧化能系统为主，磷酸原系统和酵解能系统多用在加速、冲刺、身体对抗、射门等关键性技术动作上。足球运动中各供能系统与运动时间、运动强度的关系表见表9-1-1。

表9-1-1　足球运动中各供能系统与运动时间、运动强度的关系表

| 运动状态 | 供能持续时间 | 运动强度 | 主要供能系统 | 跑动时供能比例/% | 输出功率大小 |
|---|---|---|---|---|---|
| 加速、冲刺、起动、射门、带球、头球 | 6~8秒 | 剧烈 | 磷酸原系统 | 16 | 大 |

| 运动状态 | 供能持续时间 | 运动强度 | 主要供能系统 | 跑动时供能比例/% | 输出功率大小 |
|---|---|---|---|---|---|
| 长距离冲刺、往返快跑 | 8～30秒、30～120秒 | 剧烈、高 | 磷酸原系统、酵解能系统 | 20 | 中 |
| 慢跑、抢位、行走、攻防 | 2～3分钟、大于3分钟 | 中、低 | 酵解能系统、氧化能系统 | 64 | 小 |

　　由表9-1-1可知，从能量供应的角度看，足球运动以中等强度的有氧运动为主（每场比赛以中等强度跑动9～12千米），同时伴随着间歇性的无氧运动（每名足球运动员冲刺800～1200米，加速40～60次，每5秒改变1次方向）。耐力水平制约着足球运动员在场上的发挥，很多球队经常出现下半场"崩盘"现象就是因为足球运动员耐力不足。项目特点决定了足球运动员的有氧耐力不同于一般概念的有氧耐力，足球运动员的有氧耐力是建立在一般有氧耐力基础之上的、适应足球专项体能需要的一种有氧代谢能力。因此，一般有氧耐力的训练方法不能使足球运动员的有氧耐力得到明显提升。耐力在校园足球训练中的作用如下。

## 一、耐力是足球运动员发挥技战术的基础

　　足球运动是一项高强度的、激烈对抗的、非周期性的运动项目。运动员娴熟的技术在良好耐力的基础上才能得以发挥。在国际比赛中，我国足球运动员虽然在速度上并不比国外足球运动员慢，但在冲刺后不能很好地控制球，过人后的技术动作显得勉强。此外，我国足球运动员在比赛的后半段，会出现一些技术动作变形或低级失误。这反映出我国足球运动员的对抗性技术较差和专项耐力较差的特点。青少年时期是发展足球运动员耐力的重要阶段，因此需要尽快培养适合这一阶段足球运动员的专项耐力。

## 二、耐力是足球运动员承受大负荷、高强度训练和比赛的重要保障

在训练和比赛中，足球运动员要完成长时间、高强度的运动，必须具备强有力的心血管系统、呼吸系统和循环系统，并且长时间保持高效的机能状况。运动员有氧代谢能力的提高能加快体内氧化过程，快速地消除无氧代谢过程中积累的乳酸，有效地进行肌肉中糖原的再合成，提高抗疲劳能力，以满足长时间、高强度运动的需要。

## 三、耐力是足球运动员意志品质提升的基本保证

耐力训练不仅能培养足球运动员积极向上、不怕艰苦、敢于挑战和顽强拼搏的意志品质，还能有效地激发其斗志，增强其心理承受力。足球运动员在不断克服困难的过程中能提高认知能力、调节情绪、培养个性。

# 第二节　校园足球耐力训练

在开展校园足球耐力训练时，训练方法和手段的选择不仅要符合训练原则，而且要符合足球运动的特点、规律和要求。耐力训练要求使合理的跑位巧妙地同起动、急停、转身及变向等相结合。此外，耐力训练还有助于提高足球运动员的身体机能。

## 一、一般耐力训练

### （一）法特莱克法

1. 练习目的：提高有氧耐力。

2. 练习安排：

（1）跑步时变换节奏，慢速、中速和快速交替进行。

（2）跑步时长为12～20分钟，有步速的变化（如2～3分钟中速跑，

30 ~ 60秒的加速跑），强度为最大心率的70% ~ 85%。

（3）最后阶段做一个加速跑。

3．注意事项：该方法可在足球训练准备阶段使用。

**（二）间歇训练法**

1．练习目的：提高有氧耐力。

2．练习安排：

（1）每一次练习的持续时间可分别为15 ~ 90秒、2 ~ 8分钟不等，在训练中每一次练习的持续时间多为60 ~ 90秒。

（2）整个练习的持续时间应尽可能延长，保持在30分钟以上。

（3）在一次训练课中，可以采用2或3种不同类型的间歇训练法。

3．注意事项：

（1）训练强度控制在合理范围之内，进行高强度间歇训练时应该将心率提高到最大心率的90%。

（2）上下肢协调配合。

（3）控制好运动频率。

**（三）重复训练法**

1．练习目的：提高无氧耐力和维持速度的能力。

2．练习安排：

（1）30米最大速度冲刺跑10组，组间间歇18 ~ 20秒。

（2）50米最大速度冲刺跑10组，组间间歇40 ~ 45秒。

（3）25米最大速度折返跑5组，组间间歇30秒。

3．注意事项：

（1）跑动距离不宜过长，跑动过程中可以增加变向跑等动作。

（2）确保每次跑动都是最大速度。

（3）严格控制间歇时间。

（4）根据运动员水平逐步增加练习组数。

（5）练习时间与间歇时间控制在1∶6左右。

## 二、专项耐力训练

校园足球的覆盖面广、年龄跨度大，而低年级学生身体发育还未完全成熟，因此专项耐力训练应从低强度开始，循序渐进的增加训练难度。

### （一）你追我赶

1. 练习目的：培养较小防守压力下的耐力。

2. 练习安排：

（1）用4个标志筒在足球场围成9米×9米的正方形场地，两名队员各持一球，位于正方形场地的两个对角。

（2）练习开始后，两名队员都绕着正方形场地带球追逐，并尝试给对方贴标签，当教练员再次发出信号后，队员则要调转方向，进行反方向带球追逐。（图9-2-1）

（3）练习时间10分钟。

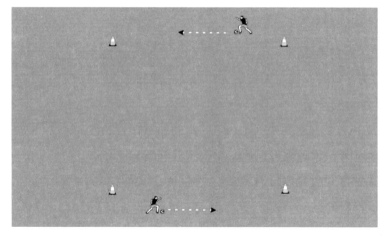

图9-2-1　你追我赶

3. 注意事项：

（1）低年龄组一次练习的时间不宜过长，注意变化方向。

（2）不要牺牲控球质量。

（3）可以围出多个正方形，多组同时开始练习。

4．器材：标志筒、足球。

**（二）带球接力**

1．练习目的：培养带球能力，发展带球跑动的有氧耐力。

2．练习安排：

（1）一行摆放4个标志筒，每行的2个标志筒之间的距离为2米。3名队员1组，分别站在每行标志筒的起点处。

（2）在教练员发出信号后，每组的第一名队员开始带球绕过标志筒；绕完所有标志筒后掉转方向，以同样的方式返回起点。

（3）第一名队员折回后跑过起点，将球传给第二名队员，第二名队员出发绕过标志筒。3名队员都完成1个来回且用时最短的组获胜。（图9-2-2）

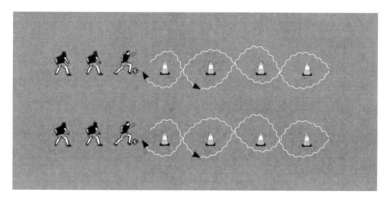

图9-2-2　带球接力

3．注意事项：

（1）当第一名队员折回并越过起点后，第二名队员才能出发；提前出发的组要被取消比赛资格。

（2）如果是让技术更加娴熟的队员进行此项练习，可将标志筒设置成不均等距离摆放，从而提高队员带球的准确度。

4．器材：标志筒、足球。

（三）带球追逐

1. 练习目的：培养耐力与带球能力。

2. 练习安排：

（1）队员分为4组，指定一组队员为追捕手，身穿与其他组不同颜色的球衣。所有队员在场地内自由带球。

（2）追捕手在场内边带球边追赶并触摸其他队员，被触摸到的队员则在场外进行颠球练习。

（3）当所有其他队员被淘汰离开场地后，或者练习持续4分钟后，这一轮结束；在下一轮中，换一组队员扮演追捕手开始练习。

（4）每次练习时间控制在12～15分钟。（图9-2-3）

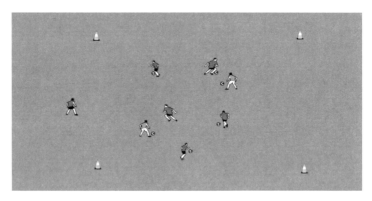

图9-2-3　带球追逐

3. 注意事项：鼓励队员用多种带球方式带球，追捕手在追逐其他队员的时候，必须一边带球一边追赶并触摸其他队员。

4. 器材：标志筒、足球。

（四）左右跑

1. 练习目的：培养无氧耐力及其与快速带球相结合的能力。

2. 练习安排：

（1）放置两个标志盘摆成一个小门（宽1米），然后在小门左右7米的位置各放置一个标志盘。[图9-2-4（a）]

（2）队员先做无球的跑动练习，从一端标志盘出发，冲刺到中间的两个标志盘处，然后分别绕过两个标志盘（"S"形路线），冲刺到末端标志盘绕回，重复之前的动作回到起点。[图9-2-4（b）]

（3）回到起点后做有球跑动练习，有球跑动的路线和无球跑动的路线一样。[图9-2-4（c）]

（4）有球时在中间小门处呈"8"字绕过小门后再冲刺，要始终保持对球的控制；做完3组，休息2分钟。[图9-2-4（d）]

3. 注意事项：

（1）无球跑动与有球跑动结合起来为一组，一组练习必须连续完成。

（2）完成的速度越快越好，但带球跑不能失误。

4. 器材：标志盘、足球。

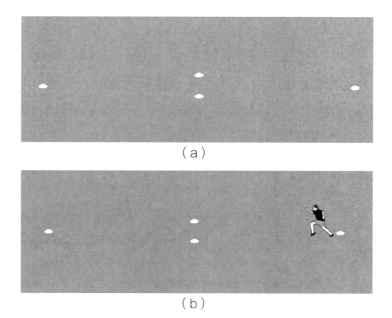

（a）

（b）

图9-2-4　左右跑

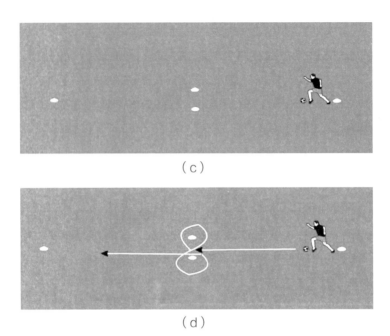

（c）

（d）

图9-2-4　左右跑（续）

## （五）"十"字跑

1. 练习目的：发展有氧耐力、灵敏性，以及保持快速时带球变向的能力。

2. 练习安排：

（1）标志盘呈"十"字形摆放，相邻标志盘间距7米。［图9-2-5（a）］

（2）队员从中点处开始，先无球向任意一端跑动，返回中点，从中点拉球到相反的一端，再拉球返回中点，返回中点后向相邻方向重复之前的动作，直到完成所有方向。［图9-2-5（b）］

3. 注意事项：练习为无球—有球交替练习，要注意练习动作的准确性；速度越快越好，有球跑动时不能失误。

4. 器材：标志盘、足球。

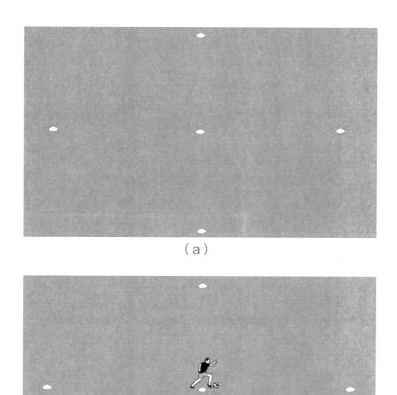

（a）

（b）

图9-2-5 "十"字跑

## （六）克鲁伊夫转身

1. 练习目的：发展有氧耐力、灵敏性、平衡性，以及保持快速时带球变向的能力。

2. 练习安排：

（1）标志盘呈伞形摆放，末端距顶端7米。[图9-2-6（a）]

（2）队员从末端无球跑向顶端，带球向一侧绕过5个标志盘，运用克鲁伊夫转身加马赛回旋，运球回到顶端停球，再运球冲刺到末端返回；在另一侧重复相同动作。［图9-2-6（b）］

（3）最后返回顶端时，做一个摆脱的假动作，然后射门。［图9-2-6（c）］

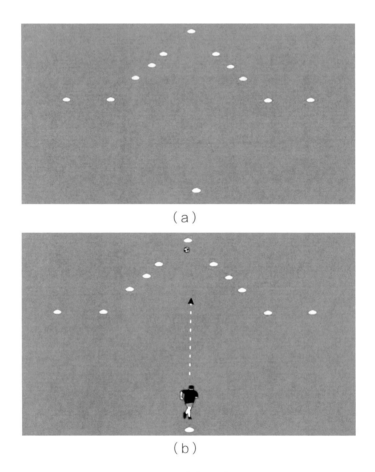

（a）

（b）

图9-2-6　克鲁伊夫转身

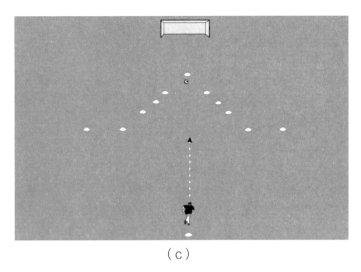

（c）

图9-2-6　克鲁伊夫转身（续）

3．注意事项：

（1）完成完整的一次线路上的动作后射门，为一组练习。注意练习动作的准确性。

（2）速度越快越好，有球跑动时不能失误。

（3）组间间歇不超过1分钟，连续完成5组。

4．器材：标志盘、足球。

第十章

# 校园足球位置体能与训练

# 第一节　校园足球位置体能概述

　　足球运动员只有具有良好的身体机能和身体素质，才能适应足球比赛中的高强度对抗和跑动。场上分工的不同，使得不同位置足球运动员的体能具有差异性。在足球比赛中，守门员站立时间长、跑动距离短，要具有身高、体重优势和良好的无氧耐力，主要体现在跳起接球和扑球的能力上，以便尽可能扩大扑救范围；中后卫除了要满足身体对抗的体能要求，还要具有良好的无氧耐力；边后卫应满足高强度跑动的体能要求；中场队员需要良好的有氧耐力，以满足有氧情况下的跑动和组织进攻活动的需要；前锋需要良好的无氧耐力，以满足射门、争抢空中球和加速、冲刺跑的需要。

　　不同位置足球运动员活动的场区及活动的方式不尽相同，要求不同位置的足球运动员实施不同的体能训练策略。教练员要对运动员进行科学的训练，要考虑到体能训练的各个要素是相辅相成、相互制约的。教练员要遵循人体正常的生长发育规律，不可以揠苗助长，对提升足球运动员运动表现的训练，主要可以从身体素质的提高上下手；要遵循人体每个年龄段进行身体素质训练的规律，如年龄较小的运动员不宜进行高强度负荷训练。运动员的身体素质提高，其身体机能会在一定范围内得到提升，从而提高运动表现。

## 一、守门员位置体能分析

　　现代足球守门员的位置比较特殊，要求守门员反应速度快、身体素质好。从身体形态的角度分析，守门员身高较高，体重较大，体脂率相对偏高。从身体机能的角度分析，守门员跑动距离短，有氧耐力相对较差。从身体素质的角度分析，守门员必须做出瞬间的判断，反应速度要快，同时要有良好的力量。其力量主要体现为爆发力。爆发力对争抢高球起到至关重要的作用，也体现了对无氧耐力的要求。

### 二、后卫位置体能分析

后卫一般身材高大、强壮，体能体现为无氧耐力和有氧耐力比较均衡、爆发力较强和冲刺速度较快。在身体形态方面，后卫身高较高，在接高空球和与对方前锋的对抗当中，体现出身高优势和速度对抗能力。后卫的活动范围在中后场，其无氧耐力和有氧耐力比较均衡。在面对对方前锋的多次进攻时，后卫的无氧耐力将会受到极大的考验。此外，接高空球和与对方前锋的对抗对后卫灵敏性的要求也很高。

### 三、前卫位置体能分析

前卫要有好的加速跑能力、有氧耐力，对力量耐力和柔韧性的需求不大。在身体形态方面，前卫体脂率低。在身体机能方面，由于前卫要进行长距离的跑动，因此前卫对有氧耐力的要求较高。在身体素质方面，速度耐力是前卫完成职责的重要身体素质。

### 四、前锋位置体能分析

在前锋位置体能方面，速度、爆发力权重最高，其次是无氧耐力。在身体形态方面，重要性为身高>体重>体脂率；在身体机能方面，重要性为无氧耐力>有氧耐力；在身体素质方面，前锋要具备很好的冲刺速度和爆发力。

## 第二节　校园足球位置体能训练

针对不同位置的体能训练是现代足球体能训练的发展方向。位置体能包含身体形态、身体机能、身体素质3个部分。其中，身体形态是身体机能的外在表现，身体素质是身体形态的内在能力，身体机能是身体素质的基础，身体素质是整个训练的核心。

## 一、守门员位置体能训练策略

守门员的活动范围一般在大禁区之内。结合比赛场上活动方式，守门员在完成各种扑救动作时，需要良好的躯干稳定控制能力来保证腾空时躯干的稳定性；面对角度刁钻的射门，守门员需要快速地做出反应，完成移动脚步、蹬地飞身扑救等一系列技术动作，需要发展反应速度、灵敏性和协调性、爆发力、柔韧性等身体素质。因此，教练员应着重对守门员进行这些身体素质的训练。在比赛中，守门员在面对大力射门时，利用上肢力量来改变球的运行轨迹；面对单刀球时，守门员的跑动方式一般为短距离加速跑。因此，守门员还应加强起动加速能力以满足比赛需求。

就爆发力跳远测试成绩和起动加速10米跑测试成绩而言，如果守门员起动加速成绩一般，后期应加强起动加速能力的训练；如果守门员跳远成绩一般，应着重加强下肢的爆发力训练。和爆发力、反应速度同样重要的是，守门员在进行扑救时，需要脚下步伐的快速调整，完成交叉步或侧滑步等；凌乱的脚下步伐势必会打乱扑救的节奏，造成扑救动作变形、不协调，直接导致丢球甚至输掉比赛的后果。脚下步伐的快速调整需要良好的灵敏性。良好的柔韧性可以保证关节最大限度地活动，对减少运动损伤有一定的效果，还可以使扑救动作更加舒展，因此在训练中也应适当加强柔韧性训练。

因此，守门员体能训练的重点应放在上肢力量、爆发力、反应速度、起动加速能力、无氧耐力、灵敏性和柔韧性等身体素质上。

## 二、后卫位置体能训练策略

后卫大部分时间在本方的中后场活动，其主要职责是球队的防守。边后卫主要防守边路的进攻，且在保证防守的同时参与进攻。中后卫主要在球场的中路活动，其主要职责是后场中路的防守、后场的组织以及适当任意球的插上进攻。因此，后卫体能训练的重点应放在爆发力、冲刺速度、有氧耐力、柔韧性和灵敏性等身体素质上。

## 三、前卫位置体能训练策略

前卫主要在中场活动，其职责是非常重要的。在进攻的时候，前卫应为前锋进行传球，组织整个队伍的比赛节奏。在防守的时候，前卫应第一时间延缓对方的进攻，保护后卫的身前区域。因此，前卫体能训练的重点应放在加速跑能力、有氧耐力、应变能力、柔韧性、灵敏性、力量等身体素质上。

## 四、前锋位置体能训练策略

前锋主要在中前场活动，其主要职责是射门得分和突破运球。因此，前锋体能训练的重点应放在冲刺速度、爆发力、无氧耐力、柔韧性和灵敏性等身体素质上。

第十一章

# 校园足球准备活动
# 与整理活动

# 第一节　校园足球准备活动

## 一、校园足球准备活动概述

准备活动是运动员为确保自身运动能力在训练、比赛中得以发挥，在训练、比赛开始前进行的身体类和心理类准备活动。准备活动已经成为校园足球训练、比赛的重要环节。准备活动应科学、合理，使运动员在训练、比赛中产生多种提高其运动表现的生理反应。校园足球准备活动通常分为两种，即主动准备活动和被动准备活动。主动准备活动相较于被动准备活动产生的效果更好，其对运动表现产生的积极效果包括：

（1）使主动肌与拮抗肌能更加快速地收缩和放松。

（2）改善肌肉发力率和缩短反应时间。

（3）提高肌肉力量和爆发力。

（4）降低肌肉和关节的黏滞性。

（5）促进氧气从血红蛋白和肌红蛋白中释放。

（6）增加运动肌肉的血流量。

## 二、校园足球准备活动安排

准备活动的结构会影响运动员在训练、比赛中的运动表现，因此，校园足球准备活动的安排要符合足球项目的专项特点和青少年的生理、心理特征。

### （一）校园足球准备活动示例

校园足球准备活动一般在20～25米的距离进行，主要完成一系列的移动和伸展活动。

1．校园足球准备活动内容一：

（1）慢跑。

（2）两腿交替伸展。

（3）坐姿臀部伸展（一条腿屈曲放在另一条腿上，下蹲）。

（4）高抬膝内收前行。

（5）交替弓步，髋部伸展。

（6）对侧踢腿。

（7）折返跑。

2．校园足球准备活动内容二：

（1）后退跑。

（2）左右移动跑。

（3）快速转髋。

（4）高抬膝外展前行。

（5）高抬膝内收前行。

（6）跨步跳。

（7）后踢腿跑。

**（二）校园足球替补队员的准备活动**

校园足球比赛常见的有8人制和11人制比赛。替补队员在场下的同时，还要尽量确保在接到上场通知时身体处于参赛状态。在这种情况下，准备活动以刺激重点部位为主。具体如下：

（1）替补席后10～15米的空间内慢跑过去再倒退回来。

（2）行进间扩胸运动。

（3）行进间踢腿，交替做弓步和跳跃运动。

（4）后踢腿跑。

（5）交叉步折返。

（6）原地弹跳（2秒），然后冲刺10米。

（7）倒退6步，转身、冲刺10米。

（8）模拟头球，转身、冲刺10米。

（9）做2次团身跳，转身、冲刺1米。

### （三）下半场准备上场的替补队员的准备活动

校园足球8人制或11人制比赛中，每半场之间会休息10分钟。该阶段队员要积极准备下半场比赛。下半场准备上场的替补队员可以进行一定的准备活动，用最短的时间使身体达到参赛状态。具体如下：

（1）高抬膝外展前行。

（2）高抬膝内收前行。

（3）跳跃及倒步走。

（4）高抬腿跑接加速跑。

（5）后踢腿跑接加速跑。

（6）团身跳接加速跑。

（7）以防守姿势完成斜向跑动。

（8）与同伴做一脚传球练习和快速跑动。

# 第二节　校园足球整理活动

## 一、整理活动的作用

训练和比赛后的整理活动在足球运动中起着至关重要的作用，它可以帮助运动员在激烈的比赛后更好地恢复身体，减少受伤风险，并为下一次训练做好准备。

（1）促进血液循环。整理活动有助于身体逐渐恢复到静息状态，并促进血液循环，将氧气和营养物质输送到肌肉组织。

（2）减少肌肉酸痛和紧张。整理活动可以帮助放松紧张的肌肉，减少肌肉酸痛和紧张，提高肌肉的柔韧性和灵活性。

（3）加速废物排出。整理活动有助于加速代谢废物的排出，如乳酸等，减轻身体不适感。

（4）减少受伤风险。整理活动可以缓解肌肉紧张和僵硬，减少因肌肉疲劳导致的受伤风险。

（5）为下一次训练做好准备。整理活动可以帮助运动员在下一次训练前保持良好的身体状态，减少因肌肉疲劳导致的训练效果下降。

## 二、整理活动的内容和方式

整理活动的内容和方式多种多样，着重于深呼吸运动和较缓和的全身运动。整理活动的量不可过大，要逐渐减轻，尽量使肌肉放松。

（1）慢跑和行走：在比赛或训练结束后，进行5~10分钟的慢跑和行走，以帮助身体逐渐恢复到静息状态。

（2）静态拉伸：进行全身的静态拉伸练习，特别是针对腿部、背部、腹部和臀部的肌肉。每个拉伸动作保持15~30秒，注意呼吸均匀。

（3）深呼吸：站立或坐下，进行几次深呼吸，帮助身体放松。

（4）按摩：使用泡沫轴或按摩球对身体进行自我按摩，特别是针对腿部、背部和臀部的肌肉。

（5）冷敷和热敷：根据需要，可以对特定部位进行冷敷或热敷，以缓解肌肉酸痛和紧张。

（6）休息：确保在训练或比赛后有足够的休息时间，以便身体得到充分的恢复。

## 三、整理活动示例

（1）踮脚尖走5次，每次保持10秒。

（2）相扑式下蹲伸展5次，每次保持10秒。

（3）单边弓步5次，每次保持10秒。

（4）跪姿屈髋肌伸展，每次保持10秒。

（5）站立踢单腿，前、后、左、右轮流进行，每条腿、每个方向踢5次。

# 参考文献

［1］王卫星，韩春远. 实用体能训练指南［M］. 汕头：汕头大学出版社，2017.

［2］曾理，曾洪林，李治. 高校体能训练理论与训练教学指南［M］. 北京：新华出版社，2018.

［3］朱军凯. 足球运动员的位置体能特征及其训练研究［M］. 银川：宁夏人民出版社，2017.

［4］刘晔，郑晓鸿. 体能训练基本理论与实用方法［M］. 北京：北京体育大学出版社，2011.